소리와 악센트를 완벽하게 마스터하는

일본어 발음

コミュニケーションのための日本語発音レッスン
copyright © 2004 Toda Takako
All rights reserved.
Korean translation copyright © 2004 by Nexus Co., Ltd.
Published with kind permission of 3A Corporation, Tokyo, Japan.

이 책의 한국어판 저작권은 3A Corporation과의 독점계약으로 (주)넥서스에 있습니다.
저작권법에 의해 한국 내에서 보호를 받는 저작물이므로 무단전재와 무단복제를 금합니다.
本書籍の韓国以外での使用及び販売を禁止します。
이 책은 한국 이외에서 사용 및 판매를 금지합니다.

소리와 악센트를 완벽하게 마스터하는
일본어 발음

지은이 도다 다카코
펴낸이 임상진
펴낸곳 (주)넥서스

초판 1쇄 발행 2004년 10월 1일
초판 2쇄 발행 2007년 4월 5일
2판 1쇄 발행 2010년 8월 31일
2판 11쇄 발행 2025년 4월 20일

출판신고 1992년 4월 3일 제311-2002-2호
주소 10880 경기도 파주시 지목로 5
전화 (02)330-5500 팩스 (02)330-5555

ISBN 978-89-6000-958-5 18730

저자와 출판사의 허락 없이 내용의 일부를
인용하거나 발췌하는 것을 금합니다.

가격은 뒤표지에 있습니다.
잘못 만들어진 책은 구입처에서 바꾸어 드립니다.

www.nexusbook.com

소리와 악센트를 완벽하게 마스터하는

일본어 발음

도다 다카코 지음

넥서스 JAPANESE

머리말

일본어 교육에 있어서 커뮤니케이션 능력의 육성이 중요시되고 있고, 음성의 역할에 초점이 맞춰지고 있습니다. 일본어 교육 방법으로 의사소통접근법이 도입된 이후, 그 성과가 인정됨과 동시에 학습자가 습득하기 어려운 문제점이 나타나고 있습니다. 그 중 가장 현저한 것이 모국어의 영향을 받기 쉬운 '발음' 입니다.

와세다대학교 별과 일본어전공과정에서는 2000년에 발음강좌를 개설하고, 초급부터 최상급 수준의 학습자를 대상으로 체계적인 발음지도를 실시하고 있습니다. 4년(8학기)에 걸쳐 이 교재를 수업에 시범적으로 사용했고, 학기마다 350명 이상의 학습자를 대상으로 한 앙케이트 조사 결과를 반영하여 개정을 거듭해 왔습니다.

앙케이트 조사 결과, 학습자는 정확하고 자연스러운 발음으로 말하고 싶어하고, 커뮤니케이션이 매끄럽게 되기를 원한다는 것을 알 수 있었습니다. 또한, 일본어를 어느 정도 익힌 학습자도 막상 일본인과 대화를 하게 되면 발음의 문제로 의사소통이 잘 되지 않는다고 생각하고 있었습니다.

와세다대학교 대학원 일본어교육연구과에서는 본서의 '해설서'를 교재로 사용하여 대학원생들에게 발음지도방법에 대해 강의하고 있는데, 이 강의 경험을 반영하여 교재 내용을 충실하게 보완해 왔습니다.

일본을 제외한 전세계의 일본어 교사 70% 이상이 일본어를 모국어로 사용하지 않는다고 합니다. 그러나, 학습자들의 정확한 발음 지도를 위한 전문적인 교재가 거의 없습니다. 이러한 이유에서 일본어 교육 현장에서의 음성교육발전을 위해 알찬 내용의 발음 연습용 교재가 꼭 필요하다고 생각합니다.

이 책은 일본어를 알아듣기 쉬운 발음으로 말할 수 있도록 하는 발음 연습용 교재입니다. 세세한 발음 교정에 치우치지 않고, 학습자가 표현하고 싶은 내용을 알아듣기 쉬운 발음으로 정확하게 말하게 하는 데 그 목적이 있습니다.

이 교재는 단문의 발음 연습뿐만 아니라, 롤플레이, 하이쿠 · 센류, 의성어 · 의태어 등을 사용하여 즐겁게 발음 연습을 할 수 있도록 만들어져 있습니다. 또한, 각 과의 발음 연습에 앞서 음을 구별할 수 있는지 여부를 확인하고, 그 과의 음성 항목에 대해 학습하고 발음 연습을 통해 학습자가 스스로 생각함으로써 일본어의 음운체계를 인식할 수 있도록 구성되어 있습니다.

오스트레일리아에서 일본어 교육을 시작하고 발음 연습용 교재의 필요성을 실감한 지 어느덧 20년이 되었습니다. 그 간의 연구 성과를 한 권의 책으로 출판할 수 있게 된 것을 기쁘게 생각합니다.

이 장을 빌어, 와세다대학교 대학원 일본어교육연구과, 일본어연구교육센터의 모든 분들과 한국어판 교정을 도와준 동 대학원생 허순정, 하일묵, 김해미 님에게도 감사의 말씀 드립니다.

도디 디키코

차례

머리말 **4**
이 책을 사용하는 분들에게 **7**

01 일본어의 발음

제1과 일본어의 음 **12**
│ 50음 │ 외래어음 │ 청음과 탁음 │ 장음 │ 요음

제2과 일본어의 리듬 **20**
│ 국명·지명의 리듬 │ 전화번호의 리듬 │ 요일의 리듬

제3과 하이쿠·센류의 리듬 **27**
│ 박(拍) 감각 익히기

제4과 회화체의 발음 **32**
│ 축약형 │ 무성음화 │ 촉음화

제5과 명사의 악센트 **43**
│ 명사의 악센트 │ 복합명사의 악센트 │ 애매한 문장의 발음

제6과 い형용사의 악센트 **54**
│ い형용사의 악센트 │ 명사수식구 │ 활용형

제7과 동사의 악센트 **61**
│ 동사의 악센트 │ 복합동사 │ 활용형

제8과 의성어·의태어의 발음 **69**
│ 청음과 탁음 │ 악센트 │ 맞장구치기

제9과 인토네이션 **74**
│ 표현 의도와 인토네이션 │ 상승조 │ 하강조 │ 평조 │ 하강상승조

제10과 자기소개 표현의 인토네이션 **86**
│ 문장의 리듬 │ ヘ자형 인토네이션 │ 알파벳의 발음 │ 복합 표현 │ 문장구조와 발음 │ 포즈

제11과 감정·의도를 전하는 화법 **93**
│ 문장구조와 발음 │ 포즈 │ 포커스 │ 강조 │ 말끝을 흐림 │ 애매한 문장의 발음 │ 정중함과 발음

제12과 특히 한국인이 잘 틀리는 발음 **103**
│ 청·탁음의 발음 │ 'つ'의 발음 │ ザ행의 발음 │ 'ん'의 발음 │ 가타카나 단어의 발음

02 해설서 **113**

부록 │ 스크립트

이 책을 사용하는 분들에게

✱ 발음 연습의 필요성

일본어의 발음은 다음과 같은 이유에서 학습자들이 알아듣기 어렵고 발음하기 어려워 오해가 생기게 됩니다.

1. 발음을 정확히 하지 않으면 다른 의미로 인식된다.

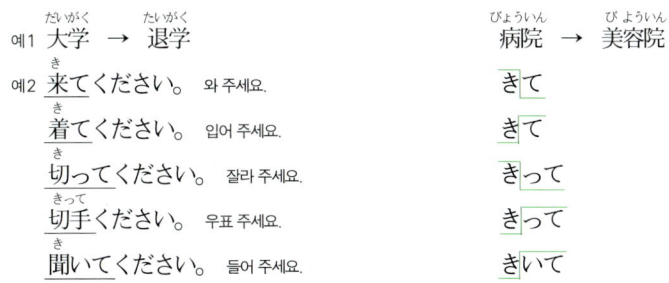

예1　大学（だいがく） → 退学（たいがく）　　　　　病院（びょういん） → 美容院（びよういん）

예2　来（き）てください。　와 주세요.　　　　きて
　　　着（き）てください。　입어 주세요.　　　きて
　　　切（き）ってください。　잘라 주세요.　　きって
　　　切手（きって）ください。　우표 주세요.　きって
　　　聞（き）いてください。　들어 주세요.　　きいて

2. 의도가 제대로 전달되기 어렵다.

같은 문장이라도 문장 끝의 인토네이션에 따라서 다른 의도로 받아들여질 수 있습니다.

예　いい会社（かいしゃ）じゃない。
　　いい会社（かいしゃ）じゃない？ ↗　　（좋은 회사라고 생각하지 않아?）　의견을 구함
　　いい会社（かいしゃ）じゃない。 ↘　　（좋은 회사가 아니야.）　부정
　　いい会社（かいしゃ）じゃない。 ↘　　（의외로 좋은 회사네.）　놀람

3. 상대방에게 불쾌한 느낌을 줄 수 있다.

발음의 특징에 따라서 듣는 사람에게 불쾌한 느낌을 주는 경우도 있습니다. 다음의 예는 일본 아이의 발음처럼 들려, 어리거나 철이 들지 않은 사람이라는 느낌을 주게 됩니다.

예　わたし → わたら
　　ひとつ → ひとちゅ

또, 내쉬는 숨이 너무 강하면 격한 어조로 들려서 화를 내거나 불평하는 것처럼 들립니다.

4. 의미상 하나로 이어지는 내용을 파악하기 어렵다.

악센트나 포즈에 의해서 의미의 연결이 구분됩니다.

예　きょうかいにいきました。
　　教会（きょうかい）に行（い）きました。　（교회에 갔습니다.）　きょうかいに
　　今日会（きょうかい）に行（い）きました。　（오늘 모임에 갔습니다.）　きょう かいに

今日買いに行きました。　　　　　(오늘 시장 보러 갔었습니다.)　　きょう かいに

'알아듣기 쉬운 발음으로 커뮤니케이션을 하는 것'을 목표로 하는 경우, 우선은 잘못 발음하면 낱말의 의미가 달라지는 것에 주의해야 합니다. 자신의 감정이나 기분이 전달되지 않거나 의도하지 않은 인상을 주는 것도 커뮤니케이션의 장애가 됩니다. 또, 발음상 의미의 구별이 명확하지 않으면 듣는 사람은 알아듣기 어려워 집중해서 들어야 하므로 피곤해지는 경우도 자주 있습니다. 특히, 혼자 말하는 연설이나 면접 등에서는 발음에 문제가 있으면 전달하려는 내용을 제대로 이해시키기 어렵습니다.

발음이 틀려도 문맥상으로 의미를 이해할 수는 있지만, 자연스럽고 알아듣기 쉬운 발음으로 커뮤니케이션을 하려는 학습자에게 발음 연습은 아주 중요합니다.

✳ 이 책의 학습 대상

다음과 같은 학습자를 대상으로 한 교재입니다.

· 정확하고 자연스러운 발음으로 말하고 싶은 사람
· 문법 지식은 있지만 유창하게 말할 자신이 없는 사람
· 한국어 발음의 영향으로 일본어가 부자연스러운 사람
· 자연스러운 일본어를 들을 기회가 적은 사람

이 책은 일본어 수준이 초급 후반부에서 상급 정도의 학습자가 사용할 수 있는 교재입니다. 제1과 '일본어의 음'과 제2과 '일본어의 리듬'은 히라가나, 가타카나를 익힌 후에 학습할 수 있습니다. 중·상급의 학습자라도 박(拍), 악센트, 인토네이션 등은 학습하지 않은 경우가 많으므로 구두(口頭) 표현 연습을 할 때 같이 익히는 것이 좋습니다.

✳ 각 코너의 특징 및 활용법

들어 봅시다　　우선 각 과에서 다루고 있는 항목을 제대로 알고 있는지의 여부를 체크합니다. CD 내용을 들어 봅니다. 정답을 확인하고 어느 부분이 틀렸는지 체크합니다.

발음해 봅시다　　각 과에서 다루고 있는 항목을 포함한 단어 또는 문장을 스스로 발음해 봅니다. 여기에서는 발음을 자연스럽게 하는 연습이 아니라 자신의 발음을 모니터하는 정도의 연습입니다.

소리내어 연습해 봅시다	각 과에서 다루고 있는 항목을 포함한 단어나 문장을 사용한 발음 연습입니다. 발음을 들어본 후 소리내어 따라 말해 봅니다. 해설에 수록된 설명을 이해하는 것만으로 발음이 자연스워지는 것은 아닙니다. 실제로 자신의 입으로 발음해 보면서 연습을 충분히 하도록 합니다.
생각해 봅시다	각 과의 항목에 대한 지식을 확인하는 문제를 풀어 봅니다. 전문용어를 사용할 필요는 없습니다. 자신이 알고 있는 표현으로 정답을 써도 좋습니다(예: '탁점이 붙은(탁음)' 을 『゛』이 있는' 으로 하거나, '상승조/하강조(인토네이션)' 을 '올라가다/내려가다' 로 표기해도 무관합니다). 학습자가 스스로 생각하면서 일본어의 발음에 대한 지식을 정리합니다.
칼럼	간략한 요약 정리, 문제 풀이를 통해 각 과의 핵심적인 내용을 다시 체크해 봅니다.
응용연습1~3	기초연습이 끝난 후에 하는 난이도가 좀더 높은 응용연습 코너입니다. 앞서 연습한 음성 항목을 문맥을 통해 이해하고 학습자가 실제 커뮤니케이션에서 응용할 수 있도록 했습니다. 제4과 회화체의 발음, 제8과 의성어·의태어의 발음, 제9과 인토네이션, 제11과 감정·의도를 전하는 화법 등에서는 롤플레이를 수록했습니다.
과제	마지막으로 각 과를 정리하는 단계로 자신의 발음을 직접에 녹음하고 들어봄으로써 자기 모니터 능력을 길러줍니다.
해설서	〔들어 봅시다〕〔발음해 봅시다〕〔소리내어 연습해 봅시다〕〔생각해 봅시다〕〔칼럼〕의 각 부문에 대한 상세한 해설과 〔생각해 봅시다〕〔응용연습1~3〕〔과제〕의 정답(또는, 모범 정답)이 있습니다. 또 일본어 음성과 발음에 대한 해설뿐만이 아니라 일본어와 한국어의 음운 구조의 차이점, 학습자가 어렵게 느끼는 부분이나 잘못 발음하기 쉬운 예 등 학습시 주의할 점이 다양하게 수록되어 있습니다.

01

일본어의 발음

제1과 | 일본어의 음

여러분은 일본어에는 음이 몇 개 있을 거라고 생각하세요? [오십음]이라고 하니까 50개 정도일까요? [゛],
[゜]이나 작은 [ゃ], [ゅ], [ょ]가 붙은 것을 포함하면 100개 이상 있습니다. 또, 자주 사용되는 가타카나 단어의 음까지 넣으면 130개 이상이 됩니다. 발음이 다르면 의미가 달라지는 것도 있으니 일본어의 기본음부터 연습해 봅시다.

1 聞いてみよう 들어 봅시다

CD를 듣고 똑같은 발음을 골라 보기와 같이 선택해서 ○표 하세요.

01-01

예 し	a. ち	(b.) し	c. す	d. つ
①	a. じ	b. し	c. ぢ	d. ち
②	a. だ	b. ら	c. な	d. た
③	a. ぎゅ	b. きゅ	c. ぎゅう	d. きゅう
④	a. じょ	b. ぞ	c. じょう	d. ぞう
⑤	a. フォ	b. フォー	c. ホ	d. ウォ
⑥	a. ちゅ	b. しゅ	c. す	d. じゅ
⑦	a. パン	b. バン	c. パー	d. バー
⑧	a. オー	b. ウォー	c. ウー	d. ウォ

2 発音してみよう 발음해 봅시다

다음의 음을 발음해 보세요.

01-02

1. 기본음

あ	ア	い	イ	う	ウ	え	エ	お	オ
か	カ	き	キ	く	ク	け	ケ	こ	コ
さ	サ	し	シ	す	ス	せ	セ	そ	ソ
た	タ	ち	チ	つ	ツ	て	テ	と	ト
な	ナ	に	ニ	ぬ	ヌ	ね	ネ	の	ノ
は	ハ	ひ	ヒ	ふ	フ	へ	ヘ	ほ	ホ
ま	マ	み	ミ	む	ム	め	メ	も	モ
や	ヤ			ゆ	ユ			よ	ヨ
ら	ラ	り	リ	る	ル	れ	レ	ろ	ロ
わ	ワ							を	ヲ
ん	ン								

2. 탁음과 반탁음

01-03

が	ガ	ぎ	ギ	ぐ	グ	げ	ゲ	ご	ゴ
ざ	ザ	じ	ジ	ず	ズ	ぜ	ゼ	ぞ	ゾ
だ	ダ	ぢ	ヂ	づ	ヅ	で	デ	ど	ド
ば	バ	び	ビ	ぶ	ブ	べ	ベ	ぼ	ボ
ぱ	パ	ぴ	ピ	ぷ	プ	ぺ	ペ	ぽ	ポ

3. 요음

01-04

きゃ	キャ	きゅ	キュ	きょ	キョ
しゃ	シャ	しゅ	シュ	しょ	ショ
ちゃ	チャ	ちゅ	チュ	ちょ	チョ
にゃ	ニャ	にゅ	ニュ	にょ	ニョ
ひゃ	ヒャ	ひゅ	ヒュ	ひょ	ヒョ

| みゃ | ミャ | みゅ | ミュ | みょ | ミョ |
| りゃ | リャ | りゅ | リュ | りょ | リョ |

ぎゃ	ギャ	ぎゅ	ギュ	ぎょ	ギョ
じゃ	ジャ	じゅ	ジュ	じょ	ジョ
びゃ	ビャ	びゅ	ビュ	びょ	ビョ
ぴゃ	ピャ	ぴゅ	ピュ	ぴょ	ピョ

4. 가타카나 단어의 음

01-05

クァ	クィ		クェ	クォ
			シェ	
	スィ			
			チェ	
ツァ	ツィ		ツェ	ツォ
	ティ	テュ		
		トゥ		
			ヒェ	
ファ			フェ	フォ
	フィ	フュ		
			イェ	
	ウィ		ウェ	ウォ
グァ				
			ジェ	
	ディ	デュ		
		ドゥ		
ヴァ		ヴ	ヴェ	ヴォ
	ヴィ	ヴュ		

3 声に出して練習しよう 소리 내어 연습해 봅시다

의미의 차이에 주의해서 발음해 보세요.

01-06

1. 청음과 탁음

① 開国(かいこく)　外国(がいこく)　　② 退学(たいがく)　大学(だいがく)　　③ 天気(てんき)　電気(でんき)

2. 요음

① 病院(びょういん)　美容院(びよういん)　　② 十(じゅう)　自由(じゆう)　　③ 百(ひゃく)　飛躍(ひやく)

3. 장음

① ビル　ビール　　② 輸送(ゆそう)　郵送(ゆうそう)　　③ 過去(かこ)　加工(かこう)

4. 작은 [っ]

① 坂(さか)　作家(さっか)　　② 意見(いけん)　一軒(いっけん)　　③ 音(おと)　夫(おっと)

5. [ん]

① 親愛(しんあい)　市内(しない)　　② 千円(せんえん)　千年(せんねん)　　③ 禁煙(きんえん)　近年(きんねん)

4 考えてみよう 생각해 봅시다

1. 기본음은 몇 개입니까?

2. 〔발음해 봅시다〕에서 문제 1.과 문제 2.의 표를 보고 문제 1.의 표의 음을 〔ﾞ〕과 〔ﾟ〕이 붙은 음과 붙지 않은 음으로 나눠 보세요. 〔ﾞ〕과 〔ﾟ〕이 붙은 음은 몇 개 있었습니까?

3. 〔발음해 봅시다〕에서 문제 1.~3.의 표를 보고 문제 1.과 문제 2.의 표의 음을 작은 〔ゃ〕, 〔ゅ〕, 〔ょ〕가 붙은 음과 붙지 않은 음으로 나눠 보세요. 작은 〔ゃ〕, 〔ゅ〕, 〔ょ〕가 붙은 음은 몇 개 있었습니까?

4. 가타카나 낱말의 음은 몇 개 있었습니까? 또, 이러한 음을 사용하는 단어를 몇 개 예를 들어 보세요.

コラム 칼럼

두 개의 단어가 하나로 합쳐질 때, 뒷 단어의 첫소리에 〔ﾞ〕이 붙는 경우가 있습니다. 이렇게 발음하면 하나의 단어라는 것이 듣는 사람에게 알기 쉽게 전달됩니다.

예　貿易 + 会社 → 貿易会社 (ぼうえき<u>が</u>いしゃ)
　　ぼうえき　かいしゃ　　ぼうえきがいしゃ

〔じ〕와 〔ぢ〕, 〔ず〕와 〔づ〕는 각각 발음이 같습니다. 쓸 때는 보통 〔じ〕, 〔ず〕를 사용하지만 예에서처럼 〔ち〕, 〔つ〕로 시작하는 단어가 다른 단어와 결합해 〔ﾞ〕이 붙을 때는, 〔ぢ〕, 〔づ〕로 씁니다.

예　勉強 + 机 = 勉強机(べんきょう<u>づ</u>くえ)
　　べんきょう　つくえ　　べんきょうづくえ
　　鼻 + 血 = 鼻血(はな<u>ぢ</u>)
　　はな　ち　はなぢ

小包, 小遣い 등도 이와 같습니다.
こづみ　こづかい

応用練習　응용연습 1

장음, 작은 [っ], [ん]에는 여러 가지 발음이 있습니다.

1. 다음 단어의 밑줄 친 부분은 어떤 발음입니까?

   ① 映画 (え<u>い</u>が)　　② 先生 (せんせ<u>い</u>)
   ③ 東京 (と<u>う</u>きょ<u>う</u>)　　④ 弟 (おと<u>う</u>と)

2. 장음을 연습해 보세요. 그림처럼 양손을 모으고 장음을 발음할 때 양손을 벌려 보세요.

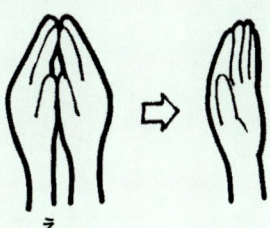 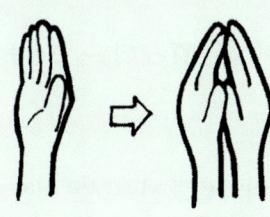

え　　　　　い　　　　　が

① 弟と映画に行きました。
② 東京と大阪ではどちらが好きですか。
③ 妹に時計をあげました。
④ 英語の先生になりたいです。

3. 다음 단어의 밑줄 친 부분은 어떤 발음입니까?

   ① 切符 (き<u>っ</u>ぷ)　　② 切手 (き<u>っ</u>て)
   ③ 1階 (い<u>っ</u>かい)　　④ 雑誌 (ざ<u>っ</u>し)

4. 작은 〔っ〕 발음을 연습해 보세요. 〔っ〕에서 손을 오므리고, 곧바로 펴 보세요.

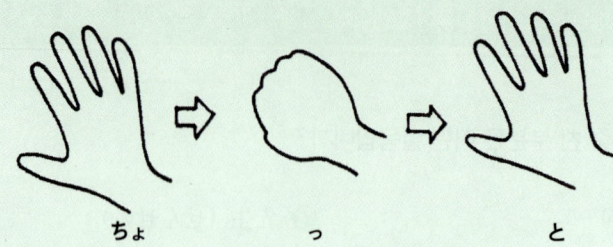

① もっと切ってください。
② とってもびっくりしました。
③ ちょっと喫茶店で待っていてください。
④ きっと切符を買って持ってきます。

5. 다음 단어의 밑줄 친 부분은 어떤 발음입니까?

① こ<u>ん</u>にちは　　　　② こ<u>ん</u>ばんは
③ 日本語（に<u>ほん</u>ご）　　④ 本を読みます。（<u>ほん</u>をよみます。）

応用練習　응용연습 2

가타카나로 된 낱말의 발음을 연습해 봅시다

다음의 가타카나 낱말을 발음해 보고 단어의 의미를 생각해 보세요.

① ファミリー　　　　② アフタヌーンティー
③ ウィスキー　　　　④ フィーリング
⑤ フォーク　　　　　⑥ ウォークマン
⑦ ディズニーランド　⑧ デュエット
⑨ ヴィーナス　　　　⑩ シェイク

応用練習　응용연습 3

일본어 발음으로 게임을 해 봅시다.

1. 끝말잇기 놀이를 해 보세요. 앞사람이 말한 낱말의 끝소리에서 다음 낱말을 시작하세요. 〔ん〕으로 끝나는 낱말을 말한 사람이 집니다.

　예　にほんご → ごちそう → うみ → みち → ちから → ラジオ → おとうと → とけい → いえ → えいが → がくせい → いしゃ → しゃしん

2. 〔ん〕으로 끝나는 낱말을 말하면 왜 지는가를 생각해 보세요.

．．．

．．．

．．．

．．．

タスク　과제

〔발음해 봅시다〕를 보고 자신의 발음을 녹음해 보세요.

제2과 | 일본어의 리듬

이 과에서는 국명이나 지명을 사용해서 일본어의 리듬을 연습해 봅시다. 또 전화번호나 요일에서 나타나는 일본어의 리듬에 대해서도 생각해 봅시다. 일본어의 리듬을 이루는 중요한 단위는 '박(拍)'입니다. 1박은 가나(仮名) 한 자입니다. 〔きゃ〕, 〔りょ〕 등처럼 작은 〔ゃ〕, 〔ゅ〕, 〔ょ〕가 붙는 가나(仮名)는 2자이지만 1박으로 셉니다. 또 장음, 작은 〔っ〕, 〔ん〕도 가나(仮名) 한 자와 같은 길이입니다. 짧게 발음하지 않도록 주의합시다.

1 聞いてみよう 들어 봅시다

CD를 듣고, 예와 같이 국명·지명을 가타카나로 써 주세요.

02-01

예 ソウル 서울

❶ _____

❷ _____

❸ _____

❹ _____

❺ _____

❻ _____

❼ _____

❽ _____

2 発音してみよう 발음해 봅시다

다음의 국명 · 지명을 일본어로 발음해 보세요.

❶ 1 Seoul　　2 Rome　　3 India
　4 Beijing　　5 Pusan　　6 Peru　　02-02

❷ 1 Shanghai　　2 Bangkok　　3 Philippines
　4 France　　5 Netherlands　　6 Nepal　　02-03

❸ 1 New York　　2 Sri Lanka　　3 Finland
　4 Malaysia　　5 Sweden　　6 Phnom Penh　　02-04

❹ 1 Austria　　2 Argentina　　3 Bangladesh
　4 Ireland　　5 Iceland　　6 Singapore　　02-05

❺ 1 Australia　　2 New Zealand　　3 Luxembourg　　02-06

3 声に出して練習しよう 소리 내어 연습해 봅시다

국명 · 지명의 연습을 시작하기 전에, 리듬을 맞추는 방법을 연습해 보세요. 1박 또는 2박은 하나의 리듬으로 발음합니다. 장음, 작은 [っ], [ん]이 있는 경우는 앞의 박과 함께 합니다. 장음, 작은 [っ], [ん]이 없는 경우는 앞에서 2박씩의 리듬으로 합니다. ■는 1박, ▬는 2박입니다. [おばさん · おばあさん], [病院びょういん · 美容院びようびょういん]처럼 어려운 발음도 이와 같이 리듬을 맞추면 발음이 자연스러워집니다. 02-07

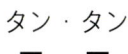
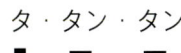

❶ おば・さん　　　　❷ お・ばあ・さん
❸ おじ・さん　　　　❹ お・じい・さん
❺ びょう・いん　　　❻ び・よう・いん

〔발음해 봅시다〕의 국명·지명의 리듬을 연습해 보세요. 02-08

1. 3박 (그룹 1) ▬ ■

   ① ソウル　　　② ローマ　　　③ インド

   3박 (그룹 2) ■ ▬

   ④ ぺきん　　　⑤ プサン　　　⑥ ペルー

2. 4박 (그룹 1) ▬ ▬　　02-09

   ① シャンハイ　② バンコク　　③ フィリピン

   4박 (그룹 2) ■ ▬ ▬

   ④ フランス　　⑤ オランダ　　⑥ ネパール

3. 5박 (그룹 1) ▬ ▬ ▬　02-10

   ① ニューヨーク　② スリランカ　③ フィンランド

   5박 (그룹 2) ■ ▬ ▬

   ④ マレーシア　⑤ スウェーデン　⑥ プノンペン

4. 6박 (그룹 1) ▬ ▬ ▬　02-11

   ① オーストリア　② アルゼンチン　③ バングラデシュ

   6박 (그룹 2) ▬ ■ ▬ ▬

   ④ アイルランド　⑤ アイスランド　⑥ シンガポール

5. 7박 (그룹 1) ▬ ▬ ▬　02-12

   ① オーストラリア　② ニュージーランド　③ ルクセンブルク

> **コラム 칼럼**
>
> 2박을 하나의 리듬으로 발음하면, 한 박을 하나의 리듬으로 발음하는 것보다 자연스럽게 들립니다. 다음의 예를 발음해 보세요.
>
> 02-13
>
> 예
> ❶ [こん・ばん・は]　　❷ [こ・ん・ば・ん・は]
>
> [こん・ばん・は] 쪽이 [こ・ん・ば・ん・は]보다 자연스러운 발음이 됩니다.

4 考えてみよう 생각해 봅시다

1. [소리 내어 연습해 봅시다]의 국명·지명 중에서 장음을 포함하는 낱말을 찾아 보세요.

2. [소리 내어 연습해 봅시다]의 국명·지명 중에서 [ん]을 포함하는 낱말을 찾아 보세요.

3. ニューヨーク와 ニュージーランド, オーストラリア와 オーストリア에서는 각각 어느 낱말을 길게 발음합니까?

応用練習　응용연습 1

전화번호 리듬의 특징에 대해 생각해 봅시다.

1. CD를 듣고, 다음의 예와 같이 전화번호를 써 보세요. 어느 것이 장음으로 바뀌었습니까?

02-14

예　03-2759-5452(ゼロさんの　にいななごうきゅうの　ごうよんごうにい)

① _____
② _____
③ _____

2. 장음에 주의해서 전화번호의 발음을 연습해 보세요.

① 자신의 전화번호
② 회사(학교)의 전화번호
③ 친구의 전화번호

応用練習　응용연습 2

요일의 리듬에 대해 생각해 봅시다.

1. CD를 듣고, 요일을 써 보세요. 어느 것이 장음으로 바뀌었습니까?

02-15

예　火・木・土 (かあ・もく・どう)

① _____
② _____
③ _____

2. 다음의 예와 같이 한 주간의 스케줄을 기입해 보세요.

예　탄 씨의 한 주간 스케줄

	日(にち)	月(げつ)	火(か)	水(すい)	木(もく)	金(きん)	土(ど)
AM	テニス	日本語(にほんご)	日本語(にほんご)	日本語(にほんご)	日本語(にほんご)	日本語(にほんご)	テニス
PM		アルバイト		アルバイト		アルバイト	アルバイト

나의 한 주간 스케줄

	日(にち)	月(げつ)	火(か)	水(すい)	木(もく)	金(きん)	土(ど)
AM							
PM							

3. 친구와 짝이 되어 한 주간의 스케줄에 대해 이야기해 보세요.

예　A 日本語(にほんご)のクラスは何曜日(なんようび)ですか。　일본어 수업은 무슨 요일입니까?

　　B 火(か)・木(もく)です。　화・목입니다.

4. 친구들과 그룹이 되어 약속을 정하기에 좋은 날짜를 찾아 보세요.

예　A この間(あいだ)、いいレストランを見(み)つけたんですよ。いっしょに昼(ひる)ご飯(はん)を食(た)べに行(い)きませんか。
　　　요전에, 괜찮은 레스토랑을 발견했어요. 함께 점심 식사하러 가지 않을래요?

　　B いいですね。タンさんはいつが都合(つごう)がいいですか。
　　　좋습니다. 탄 씨는 언제가 좋습니까?

C わたしは、月・水・金がアルバイトですが、火・木は大丈夫です。
　　나는 월・수・금은 아르바이트가 있지만, 화・목은 괜찮습니다.

A ジムさんは?　짐 씨는요?

B わたしは、日本語のクラスが月・火・金の午後にあります。
　　나는 일본어 수업이 월・화・금 오후에 있습니다.

A じゃあ、木曜日にしましょう。　그럼, 목요일로 합시다.

タスク　과제

1. 여러분이 가지고 있는 지도를 보고, 국명・지명을 써 보세요. 친구에게 묻거나 사전을 찾아도 됩니다.

　　..
　　..
　　..

2. 문제 1.의 국명・지명이 어떤 리듬으로 발음되는지 생각해 보세요.

　　..
　　..
　　..

3. 문제 1.의 국명・지명을 직접 발음해 보고 녹음해 보세요.

제3과 | 하이쿠・센류(俳句・川柳)의 리듬

이 과에서는 하이쿠와 센류의 리듬에 도전해 봅시다. 하이쿠나 센류에는 정해진 수의 박(拍)(제2과 일본어의 리듬)이 사용되고 있으며, 적은 박의 수로 마음을 표현합니다. 하이쿠와 센류로 즐겁게 일본어 발음의 특징을 배워 봅시다.

1 聞いてみよう 들어 봅시다

CD를 듣고, 다음 예와 같이 몇 박의 낱말인지 세어 보세요.

03-01

예　こんにちは （5）

① _____

② _____

③ _____

④ _____

⑤ _____

⑥ _____

⑦ _____

⑧ _____

2 発音してみよう 발음해 봅시다.

다음의 하이쿠를 발음해 보세요.

03-02

① 古池や　　　蛙飛び込む　　　水の音
　　ふるいけ　　かわずとこ　　　　みずおと
　오래된 연못에 개구리 뛰어드니 물소리 나는구나

② 閑さや　　　岩にしみ入る　　　蝉の声
　　しずか　　　いわい　　　　　　せみこえ
　고요함이여 바위에 스며드는 매미 소리

3 声に出して練習しよう 소리 내어 연습해 봅시다

위의 하이쿠에서 쓰인 낱말을 나눠서 발음해 보세요.

03-03

1. ① 古池や　　② 水の音　　③ 閑さや　　④ 蝉の声
　　　ふるいけ　　　みずおと　　　しずか　　　　せみこえ

2. ① 蛙飛び込む　　② 岩にしみ入る
　　　かわずとこ　　　　いわい

4 考えてみよう 생각해 봅시다

1. 〔소리 내어 연습해 봅시다〕에서 발음한 낱말은 각각 몇 박이었습니까?

　　...

　　...

2. 〔발음해 봅시다〕의 하이쿠를 히라가나로 써 보세요. 밑줄 친 부분에 들어가는 낱말은 몇 박입니까?

　①　...

　②　...

> **コラム 칼럼**
>
> 〔5·7·5〕는 홀수 리듬 같지만, 포즈(쉬는 곳)를 넣으면, 〔8·8·8〕의 짝수 리듬이 됩니다. 2박을 하나의 리듬으로 발음하면, 4박이 됩니다(→ 제2과 일본어의 리듬). 리듬에 주의해서 〔발음해 봅시다〕의 하이쿠를 발음해 보세요.

応用練習　응용연습 1

〔일본의 한 해〕라는 주제로 센류를 만들어 보았습니다. 5·7·5의 음절로 나누어서 발음해 보세요. 다음의 예와 같이 끊어지는 곳을 「/」로 표시하세요.

03-04

예　もらうかな / バレンタインの / チョコレート
　　　받을까　　　　발렌타인　　　　　　초콜릿

❶ 新しい制服姿似合うかな
❷ 連休だどこへ行っても人の波
❸ 梅雨が来たなぜだかうちに傘増える
❹ 真っ黒に焼けた素肌に海の風
❺ 新学期マスターするぞ日本語を
❻ 果物や芋栗かぼちゃ秋の顔
❼ 山々が赤や黄色の服着てる

応用練習 응용연습 2

일본의 1년 동안의 연중 행사입니다. CD를 듣고, (　) 안에 들어갈 말을 골라 보세요.

03-05

예　お正月気持ち新たに（　　　　　）
　　　정월에 마음을 새롭게
　　　1　　　　　　2　　　　　　③

❶　桃の花きれいに咲いて（　　　）　복숭아꽃 예쁘게 피어
　　　1　　　　　　2　　　　　　3

❷　待ちきれぬ心わくわく（　　　）　기다릴 수 없는 마음 두근두근
　　　1　　　　　　2　　　　　　3

❸　（　　　　　）心に響く除夜の鐘　마음에 울려 퍼지는 제야의 종
　　　1　　　　　　2　　　　　　3

タスク 과제

1. 다음 예와 같이 낱말을 사용해서 센류를 만들어 보세요.

　예　日本語は　　／　　難しいけど　　／　　おもしろい
　　　일본어는　　　　　어렵지만　　　　　　재밌네

① 日本語は / /
② 人生は / /
③ / / おもしろい
④ / / 難しい
⑤ / / 行くつもり

2. 이 과에서 한 연습을 기초로 해서 직접 센류를 만들어 보세요.

3. 문제 2.의 센류를 직접 발음하고 녹음해 보세요.

제4과 | 회화체의 발음

이 과에서는 회화체 발음을 연습해 봅시다. 자연스러운 회화체는 문어(文語)와는 발음이 다릅니다. 상황이 공식적일 때나 비공식적일 때나 회화체에서는 발음의 변화가 많이 나타납니다. '교실에서 쓰는 일본어는 이해되는데, 교실 밖에서 쓰는 말은 전혀 모르겠다'라고 하는 경우가 종종 있는데, 회화체의 발음에 대해 알고 있으면 자연스러운 발음으로 말할 수 있게 될뿐만 아니라 듣기도 가능해집니다. 회화에서 자주 사용되는 표현을 연습해서 친구와 이야기할 때 사용해 봅시다.

1 聞いてみよう 들어 봅시다

CD를 듣고, 낱말을 써 보세요. 그리고 예와 같이 원래의 형태를 써 보세요.

04-01

예　食べちゃった → 食べてしまった

❶ _____
❷ _____
❸ _____
❹ _____
❺ _____
❻ _____
❼ _____
❽ _____

2 発音してみよう 발음해 봅시다

발음해 보고, 원래의 형태를 써 보세요.

04-02

예1　食(た)べちゃ → 食(た)べては　　　飲(の)んじゃ → 飲(の)んでは

예2　食(た)べちゃう → 食(た)べてしまう　　飲(の)んじゃう → 飲(の)んでしまう

❶ 食(た)べなきゃ →　　　　　　　　飲(の)まなきゃ →

❷ 食(た)べなくちゃ →　　　　　　　飲(の)まなくちゃ →

❸ 食(た)べちゃおう →　　　　　　　飲(の)んじゃおう →

❹ 食(た)べてる →　　　　　　　　　飲(の)んでる →

❺ 食(た)べとく →　　　　　　　　　飲(の)んどく →

❻ 食(た)べてて →　　　　　　　　　飲(の)んでて →

❼ 食(た)べてって →　　　　　　　　飲(の)んでって →

❽ 食(た)べたげる →　　　　　　　　飲(の)んだげる →

3 声に出して練習しよう 소리 내어 연습해 봅시다

발음해 보고 원래의 형태와 뜻을 생각해 보세요.

04-03

예1　お昼(ひる)ご飯(はん)、食(た)べなきゃ。 → お昼(ひる)ご飯(はん)、食(た)べなければ(ならない)。
　　 점심밥 먹어야 돼.

예2　ここで泳(およ)いじゃいけません。 → ここで泳(およ)いではいけません。
　　 여기에서 수영하면 안 됩니다.

❶ 授業、休んじゃおう。　→
❷ 安かったから、買っちゃった。　→
❸ 早く起きなきゃならない。　→
❹ こんなに暑くちゃ、仕事ができない。　→
❺ こんなに静かじゃ、ちょっと怖いね。　→
❻ 授業は楽しくなきゃ嫌だよ。　→
❼ そんなこと、分かってる。　→
❽ さっきから、聞いてたよ。　→
❾ バスが込んでてね。　→
❿ 映画館、すいてたらいいけど。　→
⓫ このカメラ、持ってて。　→
⓬ このカメラ、持ってって。　→
⓭ 会社まで歩いてく。　→
⓮ 冷たい物でも飲んでく。　→
⓯ ここに置いとくね。　→
⓰ 風邪ひかないように、薬飲んどこう。　→
⓱ プレゼントを買ったげる。　→
⓲ こんなにたくさん食べらんない。　→
⓳ 何言ったのか、分かんなかった。　→
⓴ あの映画が見たかったんです。　→

4 考えてみよう 생각해 봅시다

1. CD를 듣고, (소리 내어 연습해 봅시다)의 발음 변화를 써 보세요.

04-03

예1 ～なきゃ → ～なければ

예2 ～じゃいけません → ～ではいけません

❶ ～じゃおう →					❷ ～ちゃった →

❸ ～なきゃならない →			❹ ～ちゃ →

❺ ～じゃ →						❻ ～なきゃ →

❼ ～てる →						❽ ～てた →

❾ ～でた →						❿ ～てたら →

⓫ ～てて →						⓬ ～てって →

⓭ ～てく →						⓮ ～でく →

⓯ ～とく →						⓰ ～どこう →

⓱ ～たげる →					⓲ ～らんない →

⓳ ～んなかった →				⓴ ～んです →

2. 회화체의 발음 변화에는 몇 가지 규칙이 있습니다. 문제 1.에서의 발음의 변화를 규칙에 따라 분류해 보세요.

....

....

....

> **コラム** 칼럼

여행지에서 사진을 찍고 있을 때, 친구가 당신에게 다음과 같은 말을 했습니다.
자, 당신은 어떻게 하겠습니까? 관련있는 문장과 그림을 선으로 연결하세요.

1.「このカメラ、持ってて。」　●　　●

友達のカメラを持って、どこかに行きます。

2.「このカメラ、持ってって。」　●　　●

友達のカメラを持って、そこで待っています。

応用練習　응용연습 1

발음 변화의 규칙은 다음의 4가지로 나눌 수 있습니다. 발음해 봅시다.

그룹1　「きゃ」「ちゃ」「じゃ」

1. ～(な)きゃ → (な)ければ

🔊 04-04

❶ お昼ご飯、食べなきゃ。

❷ 早く起きなきゃならない。

❸ 授業は楽しくなきゃ嫌だよ。

2. 〜ちゃ → 〜ては
　　〜じゃ → 〜では
　　〜(なく)ちゃ → 〜(なく)ては

04-05

❶ ここで泳い<u>じゃ</u>いけません。

❷ こんなに暑く<u>ちゃ</u>、仕事ができない。

❸ こんなに静か<u>じゃ</u>、ちょっと怖いね。

❹ 15歳<u>じゃ</u>、まだお酒は飲めませんよ。

❺ やってみなく<u>ちゃ</u>、分かりません。

3. 〜ちゃう → 〜てしまう
　　〜じゃう → 〜でしまう

04-06

❶ 授業、休ん<u>じゃおう</u>。

❷ 安かったから、買っ<u>ちゃった</u>。

❸ 早く仕事、終わっ<u>ちゃおう</u>よ。

ユニット2　「〜てる・でる」「〜てく・でく」

1. 〜てる → 〜ている
　　〜でる → 〜でいる

04-07

❶ そんなこと、分かっ<u>てる</u>。

❷ さっきから、聞い<u>てた</u>よ。

❸ バスが込ん<u>でた</u>ね。

❹ このカメラ、持っ<u>てて</u>。
❺ 映画館、すい<u>てた</u>らいいけど。

2. ～てく → ～ていく
　～でく → ～でいく

❶ 会社まで歩い<u>てく</u>。
❷ 冷たい物でも飲ん<u>でく</u>。
❸ 帰りにちょっと寄っ<u>てこう</u>よ。
❹ このカメラ、持っ<u>てって</u>。

| ユ닛3 | 「～とく・どく」「～たげる・だげる」 |

1. ～とく → ～ておく
　～どく → ～でおく

❶ 風邪ひかないように、薬飲ん<u>どこう</u>。
❷ ここに置い<u>とく</u>ね。
❸ 今日、買い物し<u>とこう</u>。

2. ～たげる → ～てあげる
　～だげる → ～であげる

❶ プレゼントを買っ<u>たげる</u>。
❷ 代わりにやっ<u>たげる</u>よ。
❸ 本を読ん<u>だげ</u>ようか。

| グループ4 | 「ん」 |

1. ん → ら, り, る, れ

04-11

① こんなにたくさん食(た)べらんない。
② 朝(あさ)早(はや)く起(お)きらんない。
③ お金(かね)足(た)んなかったから、買(か)わなかった。
④ 何(なに)言(い)ったのか、分(わ)かんなかった。
⑤ 佐々木(ささき)さんも来(く)んの?

2. ん → の

04-12

① 駅(えき)の近(ちか)くに住(す)んでるんで、便利(べんり)です。
② あの映画(えいが)が見(み)たかったんです。

応用練習 응용연습 2

그 외에도 여러 가지의 발음 변화가 있습니다. 다음의 발음 변화를 연습해 보세요.

1. [i]와 [u] 발음은 약하게 발음되어 잘 알아듣기 어려운 경우가 있습니다. 다음의 예와 같이 이름을 듣고 잘 들리지 않는 발음에 ○표 하세요.

04-13

예 『ニュース23(ツースリー)』の筑紫哲也氏(ちくしてつやし)　　　(chi) (ku) shi

① 『SMAP(スマップ)』の草彅剛(くさなぎつよし)くん　　　ku sa na gi
② 友達(ともだち)の菊地雅子(きくちまさこ)さん　　　ki ku chi

2. 같은 발음이 계속될 때는 장음처럼 발음합니다. 다음 예와 같이 발음을 밑줄로 표시하고 발음해 보세요.

04-14

예　日本語を教えてたんです。　　　　　Nihongo o oshieteta n desu.

① 子どもを起こしちゃった。　　　　　　Kodomo o okoshichatta.

② 単語を覚えなきゃなんない。　　　　　Tango o oboenakyanannai.

③ 電話番号を教えてください。　　　　　Denwabangoo o oshiete kudasai.

3. 같은 자음 사이에 들어 있는 모음은 작은 'っ'로 발음되는 경우가 있습니다. 다음 예와 같이 밑줄 친 부분의 발음 변화를 표시하고 발음해 보세요.

04-15

예　今日は昨日より暖かいね。　　（→ あったかい）　　atatakai

① 夏休みはどこかへ行きましたか。　（→　　　　　）　dokoka

② 新しい洗濯機を買いました。　　　（→　　　　　）　sentakuki

③ 大学から奨学金をもらいました。　（→　　　　　）　shoogakukin

応用練習　응용연습 3

이 과에서 연습한 표현을 사용해서 다음의 롤플레이를 연습해 봅시다.

① 오늘은 더워서 일이 잘 되지 않습니다. 빨리 끝내고 맥주를 마시러 가자고 회사 동료에게 말해 보세요.

② 다음주 ○○씨의 생일 파티를 하게 되었습니다. 무엇을 사 두어야 할지 친구와 상의해 보세요.

③ 이번주 토요일에 인기 영화를 보러 갈 계획입니다. 친구와 영화 티켓을 미리 사둘지에 대해 상의해 보세요.

タスク 과제

1. 발음의 변화가 있는 곳을 찾아서 원래의 형태를 써 보세요.

❶ A これ、隣の部屋へ持ってってくれる？

　B はい、分かりました。

　..

❷ A こんなに暑くちゃ仕事ができないねえ。

　B 今日は早く終わっちゃって、ビールでも飲んでかない？

　..

❸ A 映画の前売り券、買っとけばよかったかな。

　B すいてたらいいんだけどね…。

　..

2. 다음의 표현을 사용해서 문장을 만들고, 발음해 보세요. a에는 원래의 형태로, b에는 축약형으로 문장을 만들어 보세요.

❶ ～てしまう / ～でしまう

　a. ....

　b. ....

❷ ~ておく / ~でおく

　　a. _____
　　b. _____

❸ ~ている / ~でいる

　　a. _____
　　b. _____

❹ ~ていく / ~でいく

　　a. _____
　　b. _____

3. [응용연습 3]의 롤플레이 회화를 녹음해 보세요. 이 과에서 연습한 표현을 사용하세요.

_____
_____
_____
_____
_____
_____

제5과 | 명사의 악센트

이 과에서는 명사의 악센트를 연습하겠습니다. 악센트는 의미의 차이와도 관계가 있습니다. 스피치나 면접과 같이 혼자서 말하는 경우, 악센트가 틀리면 상대방에게 전달하려는 내용이 제대로 전해지지 않을 수 있습니다. 자연스럽고, 알아 듣기 쉬운 일본어를 구사하기 위해서는 악센트가 굉장히 중요합니다. 자, 함께 연습해 봅시다.

1 聞いてみよう 들어 봅시다

소리의 높이가 낮아지는 곳을 '악센트 핵'이라고 합니다. CD를 듣고 다음 명사의 악센트 핵에 ○표 하세요. 소리의 높이가 낮아지지 않으면 ×에 ○표 하세요.

예를 들면, 「まいにちが」는 「まいにちが」가 아닙니다. 「まいにちが」도 아닙니다. 「まいにちが」입니다. 「ま」에서 「い」에 걸쳐 소리의 높이가 낮아지므로 「ま」에 ○표 합니다. 하지만 「にほんごが」는 「にほんごが」도 「にほんごが」도 아닙니다. 「にほんごが」입니다. 소리의 높이가 낮아지지 않기 때문에 악센트 핵이 없습니다. 그러므로 ×에 ○표 합니다. 그럼, 시작해 보세요.

🔘 05-01

예1	まいにち が	ⓜ	い	に	ち	×
예2	にほんご が	に	ほ	ん	ご	ⓧ
❶	がくせい が	が	く	せ	い	×
❷	おんがく が	お	ん	が	く	×
❸	スプーン が	ス	プ	ー	ン	×
❹	しんぶん が	し	ん	ぶ	ん	×
❺	こうじょう が	こ	う	じょ	う	×

⑥ あさってが	あ	さ	っ	て	×
⑦ コーヒーが	コ	ー	ヒ	ー	×
⑧ いもうとが	い	も	う	と	×

2 発音してみよう 발음해 봅시다

일본어는 악센트에 따라 단어의 의미가 달라집니다. 다음의 예를 발음해 보세요. 조사 「が」와 「を」의 높이에 주의하세요.

05-02

❶ <u>さ</u>けが好きです。(鮭 연어)

❷ さ<u>け</u>が好きです。(酒 술)

❸ か<u>き</u>を食べました。(牡蠣 굴)

❹ <u>か</u>きを食べました。(柿 감)

44

❺ あめが降っています。(雨 비)　❻ あめがあります。(飴 사탕)

❼ はながきれいですね。(花 꽃)　❽ はながきれいですね。(鼻 코)

❾ はしがあります。(箸 젓가락)　❿ はしがあります。(橋 다리)

⓫ はしを歩きます。(端 가장자리)

■ 악센트의 표시 방법은 여러 가지가 있습니다. 앞에서는 음의 고저(高低)를 모두 선으로 나타냈지만, 동경어의 악센트는 첫번째 박(拍)과 두번째 박(拍)의 높이가 달라서, 음이 낮아지는 곳만 표시하여 그 단어의 악센트를 나타내기도 합니다.

예1 음의 고저(高低)를 모두 표시한 경우

　　　さけが (鮭)

　　　さけが (酒)

예2 음이 낮아지는 곳만 표시한 경우

　　　さけが (鮭)

　　　さけが (酒)

3 声に出して練習しよう 소리 내어 연습해 봅시다

동경어의 악센트에는 4종류가 있습니다.

Ⅰ 평판형(平板型)　にほんごが (にほんごが)

Ⅱ 두고형(頭高型)　まいにちが (まいにちが)

Ⅲ 중고형(中高型)　あさってが (あさってが)

Ⅳ 미고형(尾高型)　いもうとが (いもうとが)

Ⅰ과 Ⅳ를 구별하기 위해서는 조사 「が」가 필요합니다. Ⅰ에는 악센트 핵이 없지만, Ⅳ는 조사 「が」의 바로 앞에서 소리의 높이가 낮아집니다.

Ⅰ 鼻が (はなが)　　　　端が (はしが)

Ⅳ 花が (はなが)　　　　橋が (はしが)

■ 일본어의 발음에서는 다음의 두 가지가 중요합니다.

· **높이** 높이로 악센트를 나타냅니다.
· **길이** 박(拍) 수가 많아질수록 길게 발음합니다.

소리의 높이와 길이에 주의하여 다음의 낱말을 발음해 보세요.

1. 1박(拍)   05-03

   ❶ き̄が (木)   ひ̄が (火)   は̄が (歯)
   ❷ きが̄ (気)   ひが̄ (日)   はが̄ (葉)

2. 2박(拍)   05-04

   ❶ は̄しが (箸)   あ̄めが (雨)   さ̄けが (鮭)
   ❷ はし̄が (橋)   やま̄が (山)   はな̄が (花)
   ❸ はしが̄ (端)   あめが̄ (飴)   はなが̄ (鼻)

3. 3박(拍)   05-05

   ❶ み̄かんが   せ̄かいが   テ̄レビが
   ❷ たま̄ごが   あな̄たが   トレ̄ーが
   ❸ おとこ̄が   おんな̄が
   ❹ りんごが̄   でんわが̄   ピアノが̄

4. 4박(拍)   05-06

   ❶ ま̄いにちが   お̄んがくが   パ̄ーティーが
   ❷ あさ̄ってが   じど̄うしゃが   スポ̄ーツが
   ❸ こうじょ̄うが   ばんご̄うが   コーヒ̄ーが
   ❹ いもう̄とが   いちに̄ちが
   ❺ にほんご̄が   しんぶん̄が   ハンカチ̄が

4 考えてみよう 생각해 봅시다

1. 악센트란 무엇입니까?

2. 각 나라의 언어의 특징에 대해 서로 이야기해 보세요.

3. 〔발음해 봅시다〕에서 사용한 단어의 악센트는 4종류의 형태 중 각각 어느 것에 해당합니까?

コラム 칼럼

일본어 문장은 악센트에 따라 의미가 달라집니다. 발음해 보세요.

05-07

1. きょうかいにいった

❶ 今日買いに行った。　오늘 사러 갔다.
❷ 今日会に行った。　오늘 모임에 갔다.
❸ 教会に行った。　교회에 갔다.

2. にわにはにわとりがいる

05-08

❶ 庭には鶏がいる。　뜰에는 닭이 있다.

❷ 庭には二羽鳥がいる。　뜰에는 새가 두 마리 있다.

한 단어에서 높이가 한 번 낮아지면 다시 높아지지는 않습니다.

きょうかい　→　「教会」는 한 단어입니다.

きょうかい　→　「今日　買い」는 두 개의 단어입니다.

きょうかい　→　「今日　会」는 두 개의 단어입니다.

にわとり　→　「鶏」는 한 단어입니다.

にわとり　→　「一羽　鳥」는 두 개의 단어입니다.

応用練習　응용연습 1

복합어의 악센트에 대해 알아 봅시다.

두 개의 단어가 하나가 될 때 악센트가 달라집니다.

05-09

예　かいがい ＋ りょこう　→　かいがいりょこう（海外旅行）

앞단어의 악센트 핵이 없어지고, 뒷단어의 앞부분에 악센트 핵이 옵니다. 악센트를 하나로 통일하면 하나의 단어(복합어)라는 것을 알 수 있고, 듣는 사람이 알아 듣기 쉬운 발음이 됩니다.

1. 밑줄 친 단어의 악센트를 선으로 표시하고 발음해 보세요.

05-10

예　あか ＋ えんぴつ　　→　　あかえんぴつ（赤鉛筆）

① あさひ ＋ しんぶん　→　あさひしんぶん（朝日新聞）
② でんりょく ＋ かいしゃ　→　でんりょくがいしゃ（電力会社*）
③ けいたい ＋ でんわ　→　けいたいでんわ（携帯電話）
④ でんわ ＋ ばんごう　→　でんわばんごう（電話番号）
⑤ あおもり ＋ りんご　→　あおもりりんご（青森りんご）

*「かいしゃ」→「がいしゃ」의 발음에 대해서는 제1과의 [칼럼]을 참조하세요.

2. 다음 문장을 발음해 보세요.

05-11

① 電話番号を教えてください。
② 携帯電話を持っていますか。
③ 兄は電力会社に勤めています。

3. 의미의 차이에 주의해서 다음의 문장을 발음해 보세요.

05-12

❶ わたしは毎日新聞を読みます。
❷ わたしは毎日新聞を読みます。

応用練習　응용연습 2

05-13

복합어의 악센트는 뒷단어의 길이나 악센트에 의해 결정됩니다. 항상 앞단어의 악센트 핵이 없어지고 뒷단어의 앞부분에 악센트 핵이 있는 것은 아닙니다.

(1) 뒷단어의 가운데에 악센트 핵이 있을 때, 그 악센트가 남습니다.

예　国会図書館　こっかい + としょかん → こっかいとしょかん

(2) 뒷단어가 길 때, 그 악센트 핵이 남습니다.

예　美容専門学校　びよう + せんもんがっこう → びようせんもんがっこう

* 길이가 긴 단어에서는 끝에서 세번째 박(拍)에서 높이가 낮아지는 경우가 많습니다.

(3) 뒷단어가 짧을 때, 앞단어의 끝에 악센트 핵이 옵니다.

예　大阪市　おおさか + し → おおさかし

* ~市し, ~区く, ~県けん, ~人じん, ~駅えき 등이 이어지는 단어는 악센트가 하나인 단어로 기억해 두면 됩니다.

1. 밑줄 친 단어의 악센트를 선으로 표시하고 발음해 보세요.　　　05-14

❶ かみ + ひこうき　　　　→　かみひこうき（紙飛行機）

❷ じどうしゃ + きょうしゅうじょ　→　じどうしゃきょうしゅうじょ（自動車教習所）

❸ じどう + すいはんき　　→　じどうすいはんき（自動炊飯器）

❹ かんこう + あんないじょ　→　かんこうあんないじょ（観光案内所）

❺ シドニー + オリンピック　→　シドニーオリンピック（シドニーオリンピック）

2. 다음의 문장을 발음해 보세요.　　　05-15

❶ 自動炊飯器を買いました。

❷ 観光案内所はどこでしょうか。

❸ シドニーオリンピックのとき、初めてシドニーに行きました。

タスク 과제

1. 밑줄 친 낱말의 악센트 핵을 표시하고 발음해 보세요.　　　05-16

❶ まいあさ、コーヒーを飲みます。（毎朝）

❷ がくせいがにほんごを勉強しています。（学生、日本語）

❸ たばこを吸ってもいいですか。

❹ いもうとがしんぶんを読んでいます。（妹、新聞）

❺ 昨日、くるまを買いました。（車）

2. 밑줄 친 낱말의 악센트를 선으로 표시하고, 발음해 보세요.
05-17

❶ じ⌐どうしゃ + こうじょ⌐う → じどうしゃこうじょう (自動車工場)

❷ けんしゅう + りょこう → けんしゅうりょこう (研修旅行)

❸ ⌐カラー + ⌐テ⌐レビ → カラーテレビ (カラーテレビ)

❹ ⌐とりつ + はくぶつかん → とりつはくぶつかん (都立博物館)

❺ しゅうしょく + そうだんじょ → しゅうしょくそうだんじょ (就職相談所)

3. 문제 1.과 2.의 낱말을 발음해 보고 녹음해 보세요.

제6과 | い형용사의 악센트

이 과에서는 い형용사의 악센트 연습을 하겠습니다. い형용사에는 여러 가지 활용형이 있으므로 활용형의 악센트 연습도 합시다. 여기에서는 악센트의 규칙을 될 수 있는 한 간단하게 설명하겠습니다. 듣는 사람이 이해하기 쉬운 발음으로 여러분이 말하고자 하는 것을 전달할 수 있도록 하는 것이 중요합니다.

1 聞いてみよう 들어 봅시다

CD를 듣고 い형용사를 써 보세요. 소리의 높이가 낮아지는 곳이 있으면 ある에 ○표를, 높이가 낮아지지 않으면 ない에 ○표를 하세요.

06-01

예를 들면,「あおい」는「お」에서「い」에 걸쳐 소리의 높이가 낮아지므로, ある에 ○표를 합니다.
하지만 あかい는 높이가 내려가지 않으므로 악센트 핵이 없습니다. 따라서 ない에 ○표를 합니다.
그럼, 시작할까요?

예1	あおい	(ある)	ない
예2	あかい	ある	(ない)
❶	_____	ある	ない
❷	_____	ある	ない
❸	_____	ある	ない
❹	_____	ある	ない
❺	_____	ある	ない
❻	_____	ある	ない

❼ _____　　　　　　ある　　　ない

❽ _____　　　　　　ある　　　ない

2 発音してみよう 발음해 봅시다

다음 い형용사를 발음해 보세요. 악센트 핵이 있는 경우는 (　) 속의 히라가나로 쓴 단어에 그 위치를 해 보세요.

🔘 06-02

❶ いい（いい）　　　　　　❷ 濃い（こい）
❸ 青い（あおい）　　　　　❹ 赤い（あかい）
❺ 楽しい（たのしい）　　　❻ 易しい（やさしい）
❼ 冷たい（つめたい）　　　❽ 忙しい（いそがしい）
❾ 難しい（むずかしい）

3 声に出して練習しよう 소리 내어 연습해 봅시다

1. い형용사의 악센트는 두 개의 그룹으로 나뉩니다. 다음의 단어를 발음해 보세요.

▪ **그룹 A** 악센트 핵이 있습니다. 뒤에서 2번째 박(拍)에서 소리의 높이가 낮아집니다. 🔘 06-03

예　いい(い|い), 高い(た|か|い), 大きい(お|お|き|い),
　　おもしろい(お|も|し|ろ|い)

▪ **그룹 B** 악센트 핵이 없습니다. 소리의 높이가 낮아지지 않습니다. 🔘 06-04

예　甘い(あ|まい), 易しい(や|さしい), 難しい(む|ずかしい)

2. 악센트에 따라 의미가 달라지는 낱말도 있습니다.

- **그룹 A** · 暑い(あ⌐つ⌐い)　　예) 今年の夏は暑い。
  　　　　　　　　　　　　　　　　　　ことし　なつ　あつ

  　　　　· 熱い(あつ⌐い⌐)　　예) このコーヒーは熱い。
  　　　　　　　　　　　　　　　　　　　　　　　　あつ

- **그룹 B** · 厚い(あ⌐つ⌐い)　　예) この辞書は厚い。
  　　　　　　　　　　　　　　　　　　じしょ　あつ

3. 악센트에 따라 그룹으로 나눠서 い형용사의 악센트를 발음해 보면 그 차이를 잘 알 수 있습니다.
「⌐」으로 악센트 핵을 나타냅니다. 「⌐」이 없는 단어는 악센트 핵이 없는 것입니다.

- **그룹 A**

  ① 濃い (こ⌐い)　　　　② 広い (ひろ⌐い)

  ③ 青い (あお⌐い)　　　④ 怖い (こわ⌐い)

  ⑤ 近い (ちか⌐い)　　　⑥ 楽しい (たのし⌐い)

  ⑦ かわいい (かわい⌐い)　⑧ 暖かい (あたたか⌐い)

  ⑨ 忙しい (いそがし⌐い)

- **그룹 B**

  ① 赤い (あかい)　　　② 眠い (ねむい)

  ③ 遅い (おそい)　　　④ 遠い (とおい)

  ⑤ 暗い (くらい)　　　⑥ 優しい (やさしい)

  ⑦ 明るい (あかるい)　⑧ おいしい (おいしい)

  ⑨ 冷たい (つめたい)

4. 다시 한 번 소리 내어 발음해 보세요.   06-09

① 濃い (こい)　② 広い (ひろい)　③ 赤い (あかい)
④ 青い (あおい)　⑤ 眠い (ねむい)　⑥ 怖い (こわい)
⑦ 遅い (おそい)　⑧ 近い (ちかい)　⑨ 遠い (とおい)
⑩ 楽しい (たのしい)　⑪ 暗い (くらい)　⑫ かわいい
⑬ 優しい (やさしい)　⑭ 暖かい (あたたかい)　⑮ 明るい (あかるい)
⑯ おいしい　⑰ 忙しい (いそがしい)　⑱ 冷たい (つめたい)

4 考えてみよう 생각해 봅시다

1. い형용사의 악센트에는 어떤 특징이 있습니까?

2. 그룹 A와 그룹 B의 い형용사에는 그 밖에 어떤 단어가 있습니까?

応用練習 응용연습 1

い형용사를 매끄럽게 발음할 수 있도록 연습해 보세요. 소리의 오르내림에 주의합시다.

06-10

그룹 A의 형용사의 뒤에 오는 명사는 원래의 악센트 그대로이지만, 그룹 B의 형용사의 뒤에 오는 명사는 첫 번째 박(拍)이 높게 발음됩니다. 악센트 핵이 없는 명사는 마지막까지, 악센트 핵이 있는 명사는 악센트 핵이 있는 곳까지 높게 발음됩니다. 밑줄 친 단어의 악센트를 선으로 표시하고 발음해 봅시다.

예1　むずかしい + かんじ　→　むずかしいかんじ (難しい漢字)

예2　おいしい + おかし　→　おいしいおかし (おいしいお菓子)

❶ あかるい + へや　→　あかるいへや (明るい部屋)

❷ やさしい + せんせい　→　やさしいせんせい (優しい先生)

❸ あかい + りんご　→　あかいりんご (赤いりんご)

応用練習 응용연습 2

다음은 「〜です」, 「〜た」, 「〜て」, 「〜ない」가 붙은 형태의 악센트입니다.

예

06-11

	기본형	〜です	〜た	〜て	〜ない
그룹 A	こい	こいです	こかった	こくて	こくない
	たかい	たかいです	たかかった	たかくて	たかくない
	たのしい	たのしいです	たのしかった	たのしくて	たのしくない
	あたたかい	あたたかいです	あたたかかった	あたたかくて	あたたかくない
그룹 B	あかい	あかいです	あかかった	あかくて	あかくない
	やさしい	やさしいです	やさしかった	やさしくて	やさしくない
	むずかしい	むずかしいです	むずかしかった	むずかしくて	むずかしくない

〔소리 내어 연습해 봅시다〕에서 연습한 い형용사에 대해서도, 「～です」, 「～た」, 「～て」, 「～ない」가 붙은 형태의 악센트를 생각해 보고 발음해 보세요.

コラム 칼럼

06-12

「東京は人が多い」의 「多い(おおい)」처럼 장음이 있을 때는 악센트가 하나 앞으로 이동하는 경우가 있습니다. 「～です」, 「～た」, 「～て」, 「～ない」가 붙은 형태는 다음과 같습니다.

おおいです　　おおかった　　おおくて　　おおくない

タスク 과제

1. 다음 빈 칸에 활용형을 쓰고, 악센트 핵을 표시한 후 발음해 보세요.

06-13

	기본형	～です	～た	～て	～ない
그룹 A	ひろい		ひろかった		ひろくない
그룹 A	いそがしい			いそがしくて	
그룹 B	ねむい	ねむいです			ねむくない
그룹 B	おいしい		おいしかった		

2. 밑줄 친 단어의 악센트 핵을 표시하고 문장을 발음해 보세요.

06-14

❶ 夏休みの旅行はとてもたのしかったです。(楽しかった)

❷ ジェットコースターは、ちょっとこわいけどおもしろい。(怖い、おもしろい)

❸ 去年の冬はいつもよりあたたかかった。(暖かかった)

❹ 赤ちゃんの手は小さくてかわいい。(かわいい)

❺ むずかしい漢字はたくさん書いて覚えます。(難しい)

3. 밑줄 친 부분의 악센트를 선으로 표시하고, 발음해 보세요.

06-15

❶ あかい + りんご　　　→　　あかいりんご (赤いりんご)

❷ くらい + へや　　　　→　　くらいへや (暗い部屋)

❸ とおい + ところ　　　→　　とおいところ (遠い所)

❹ あまい + チョコレート　→　あまいチョコレート (甘いチョコレート)

❺ おそい + じどうしゃ　　→　おそいじどうしゃ (遅い自動車)

4. 어제 있었던 일을 이야기하고 녹음해 보세요. 이야기에 사용한 い형용사를 몇 개 예를 들어, 「〜です」, 「〜た」, 「〜て」, 「〜ない」가 붙은 형태의 악센트를 생각해 보고 발음해 보세요.

제7과 | 동사의 악센트

이 과에서는 동사의 악센트를 연습하겠습니다. 동사의 악센트에는 6과의 〈い형용사〉와 비슷한 점이 많이 있습니다. 듣는 사람이 알아듣기 쉬운 발음으로 여러분이 말하고자 하는 것을 전달할 수 있도록 연습해 보세요.

1 聞いてみよう 들어 봅시다

CD를 듣고 동사를 써 보세요. 높이가 낮아지는 곳이 있으면 'ある'에 ○표를, 높이가 낮아지지 않으면 'ない'에 ○표를 하세요.

07-01

예를 들면, 「つくる」는 「く」에서 「る」에 걸쳐 높이가 낮아지므로, 'ある'에 ○표를 합니다. 하지만 「つかう」는 높이가 낮아지지 않으므로 악센트 핵이 없습니다. 따라서 'ない'에 ○표를 합니다.

그럼, 시작할까요?

예1	つくる	ある	ない
예2	つかう	ある	ない
❶	_____	ある	ない
❷	_____	ある	ない
❸	_____	ある	ない
❹	_____	ある	ない
❺	_____	ある	ない
❻	_____	ある	ない

⑦ _____	ある　　ない
⑧ _____	ある　　ない

2 発音してみよう 발음해 봅시다

다음의 동사를 발음해 보세요. 악센트 핵이 있는 경우는 (　) 속의 히라가나로 쓴 단어에 그 위치를 표시하세요.

07-02

① 読む（よむ）　　　② 行く（いく）
③ 着る（きる）　　　④ 話す（はなす）
⑤ 使う（つかう）　　⑥ 作る（つくる）
⑦ 教える（おしえる）⑧ 手伝う（てつだう）
⑨ 忘れる（わすれる）

3 声に出して練習しよう 소리 내어 연습해 봅시다

1. 동사의 악센트는 두 개의 그룹으로 나뉩니다. 다음 단어를 발음해 보세요.

- 그룹 A 악센트 핵이 있습니다. 뒤에서 두번째 박(拍)에서 소리의 높이가 낮아집니다.
  예 　読む（よむ）　話す（はなす）　手伝う（てつだう）

  07-03

- 그룹 B 악센트 핵이 없습니다. 소리의 높이가 낮아지지 않습니다.
  예 　行く（いく）　使う（つかう）　教える（おしえる）

  07-04

2. 철자는 같지만 악센트에 따라 의미가 달라지는 낱말도 있습니다.

　예　그룹 A　切る（きる）　　髪を切る。
　　　　　　　　　　　　　　かみ　き
　　　　　　　　　　　　　　　　　　　　07-05
　　　그룹 B　着る（きる）　　服を着る。
　　　　　　　　　　　　　　ふく　き
　　　　　　　　　　　　　　　　　　　　07-06

3. 악센트별로 그룹을 나눠서 동사의 악센트를 발음해 보면 그 차이를 잘 알 수 있습니다. 악센트 핵은 「⌐」으로 표시합니다. 「⌐」가 없는 단어는 악센트 핵이 없습니다.

- 그룹 A　　　　　　　　　　　　　　　　　　　　　　　07-07

❶ 会う（あ⌐う）　　❷ 切る（き⌐る）　　❸ 来る（く⌐る）

❹ 起きる（おき⌐る）　❺ 食べる（たべ⌐る）　❻ 泳ぐ（およ⌐ぐ）

❼ 作る（つく⌐る）　❽ 急ぐ（いそ⌐ぐ）　❾ 閉める（しめ⌐る）

- 그룹 B　　　　　　　　　　　　　　　　　　　　　　　07-08

❶ 行く（いく）　　❷ 聞く（きく）　　❸ 送る（おくる）

❹ 遊ぶ（あそぶ）　❺ 終わる（おわる）　❻ 開ける（あける）

❼ 変える（かえる）　❽ 働く（はたらく）　❾ 忘れる（わすれる）

4. 다시 한 번 소리 내어 발음해 보세요.　　　　　　　　　07-09

❶ 会う　　❷ 行く　　❸ 切る

❹ 聞く　　❺ 来る　　❻ 送る

❼ 起きる　　❽ 遊ぶ　　❾ 食べる

❿ 終わる　　⓫ 泳ぐ　　⓬ 開ける

⓭ 作る　　⓮ 変える　　⓯ 急ぐ

⓰ 働く　　⓱ 閉める　　⓲ 忘れる

4 考えてみよう 생각해 봅시다

1. 동사의 악센트에는 어떤 특징이 있습니까?

2. 그룹 A와 그룹 B의 동사에는 그 외에 어떤 낱말이 있습니까?

応用練習 응용연습 1

소리의 오르내림에 주의해서 동사를 매끄럽게 발음될 수 있도록 연습하세요.

07-10

두 개의 동사가 합쳐진 복합동사의 악센트 핵은 뒤에서부터 두번째에 있습니다. 밑줄 친 낱말의 악센트를 선으로 표시하고 발음해 보세요.

예1　はたらく + すぎる　→　はたらきすぎる（働き過ぎる）

예2　かう + わすれる　→　かいわすれる（買い忘れる）

❶ たべる + おわる　→　たべおわる（食べ終わる）

❷ のむ + すぎる　→　のみすぎる（飲み過ぎる）

❸ おく + わすれる　→　おきわすれる（置き忘れる）

応用練習　응용연습 2

동사의 ます형, た형, て형, ない형의 악센트입니다. (I, II, III은 동사의 활용 그룹을 나타냅니다.)

예
07-11

		기본형	～ます	～た	～て	～ない
그룹 A	I	はなす	はなします	はなした	はなして	はなさない
		てつだう	てつだいます	てつだった	てつだって	てつだわない
	II	たべる	たべます	たべた	たべて	たべない
		しらべる	しらべます	しらべた	しらべて	しらべない
	III	くる	きます	きた	きて	こない
그룹 B	I	おくる	おくります	おくった	おくって	おくらない
		はたらく	はたらきます	はたらいた	はたらいて	はたらかない
	II	あける	あけます	あけた	あけて	あけない
		わすれる	わすれます	わすれた	わすれて	わすれない

〔소리 내어 연습해 봅시다〕에서 연습한 동사에 대해서도, ます형, た형, て형, ない형의 악센트를 생각해 보고 발음해 보세요.

コラム 칼럼

「通る(とおる)」와 같이 장음이 있을 때는 악센트가 하나 앞으로 이동하는 경우가 있습니다. 07-12
「帰る(かえる)」,「入る(はいる)」처럼 모음이 이어지는 경우도 악센트가 하나 앞으로 이동할 때가 있습니다.
ます형, た형, て형, ない형은 다음과 같습니다.

かえります、かえった、かえって、かえらない

「蛙(かえる)がうちに帰(かえ)る。帰(かえ)ってお風呂(ふろ)に入(はい)る。」 개구리가 집으로 돌아간다. 돌아와서 목욕을 한다.

応用練習　응용연습 3

1. 다음 문장을 발음해 보세요. 어떻게 다릅니까?

❶ 来てください。（きてください）
❷ 着てください。（きてください）
❸ 切ってください。（きってください）
❹ 切手ください。（きってください）
❺ 聞いてください。（きいてください）

2. 문제 1.에 쓰인 동사의 악센트와 박(拍) 수에 대해 알아 봅시다.

	악센트	박 수
❶ 来て（き）	きて	2
❷ 着て（き）	きて	2
❸ 切って（き）	きって	3
❹ 切手（きって）	きって	3
❺ 聞いて（き）	きいて	3

3. 문제 2.의 동사 뒤에「ください」를 넣어 연습해 보세요.「ください」의 악센트는 다음과 같은데, 너무 세게 발음하지 않도록 하세요.

ください

자연스럽게 발음한 경우「ください」의「く」의 발음은 바로 앞의 박(拍)과 같은 높이가 됩니다.

예 聞いてください。
　きいてください（×）　　　　　きいてください（○）

4. 다음 문장을 발음해 봅시다.

❶ あしたわたしのうちへ来てください。
❷ 会社では上着を着てください。
❸ 髪を短く切ってください。
❹ 80円の切手(を)ください。
❺ もう一度聞いてください。

タスク　과제

1. 다음 표의 빈 칸에 활용형을 쓰고, 악센트 핵을 표시한 후 발음해 보세요.　07-16

		기본형	～ます	～た	～て	～ない
그룹 A	I	つくる		つくった		
	II	おきる	おきます			おきない
그룹 B	I	あそぶ			あそんで	
	II	おしえる		おしえた		おしえない

2. 밑줄 친 낱말의 악센트 핵을 표시하고 문장을 발음해 보세요.   07-17

   ① 今朝6時におきて、1日中はたらいた。(起きて、働いた)
   ② 今晩友達がうちにきます。(来ます)
   ③ この辞書は便利なので、毎日つかっています。(使って)
   ④ 毎晩わたしがご飯をつくっています。(作って)
   ⑤ 会議は、5時におわった。(終わった)

3. 밑줄 친 낱말의 악센트를 선으로 표시하고 발음해 보세요.   07-18

   ① よむ + おわる   →   よみおわる (読み終わる)
   ② はなす + はじめる →   はなしはじめる (話し始める)
   ③ つくる + すぎる   →   つくりすぎる (作り過ぎる)
   ④ しめる + わすれる →   しめわすれる (閉め忘れる)
   ⑤ およぐ + はじめる →   およぎはじめる (泳ぎ始める)

4. 어제 있었던 일을 이야기하고 녹음해 보세요. 그 중에서 사용한 동사를 몇 개 예를 들어, ます형·た형·て형·ない형의 악센트를 생각해 보고 발음해 보세요.

제8과 | 의성어·의태어의 발음

일본어는 세계 언어 중에서도 특히 의성어·의태어가 풍부한 언어 중의 하나입니다. 이 과에서는 회화에서 사물의 소리나 동물의 울음소리, 사물의 모양 등을 표현하는데 자주 사용되는 의성어·의태어의 발음을 연습합니다.

1 聞いてみよう 들어 봅시다

CD를 듣고 의성어·의태어를 써 보세요. 그리고 의미를 생각한 후 해당하는 오른쪽 문장을 선으로 연결해 보세요.

08-01

예　とんとん　●────────●　軽くたたいています。
톡톡 두드리고 있습니다.

❶ _____　●　　　　●　上手に話しています。

❷ _____　●　　　　●　強くたたいています。

❸ _____　●　　　　●　きれいに光っています。

❹ _____　●　　　　●　大きい声で笑っています。

❺ _____　●　　　　●　小さい物が転がっています。

❻ _____　●　　　　●　大きい物が転がっています。

❼ _____　●　　　　●　涙がこぼれています。

❽ _____　●　　　　●　何回も回っています。

2 発音してみよう 발음해 봅시다

다음의 의성어·의태어를 발음해 보세요.

08-02

❶ とんとん・どんどん
❷ ころころ・ごろごろ
❸ けらけら・げらげら
❹ きらきら・ぎらぎら
❺ ぺらぺら・べらべら
❻ ぽろぽろ・ぼろぼろ
❼ ぽたぽた・ぼたぼた
❽ くるくる・ぐるぐる

3 声に出して練習しよう 소리 내어 연습해 봅시다

「゛」의 발음에 주의해서 연습해 보세요.

08-03

❶ お母さんの肩をとんとんたたいてあげました。

❷ だれかが隣のドアをどんどんたたいています。

❸ イヤリングがきらきらしてきれいですね。

❹ 夏の太陽がぎらぎら照りつけています。

❺ かわいい子どもが楽しそうにけらけら笑っています。

❻ 友達がテレビを見てげらげら笑っています。

❼ とも子さんはスペイン語をぺらぺら話しています。

❽ 何でもべらべらしゃべる人はちょっと困りますよね。

❾ 水道から水がぽたぽた漏れて困っています。

❿ 干した洗濯物から水がぽたぽた落ちています。

⑪ 目から涙がぽろぽろこぼれました。

⑫ 涙がぼろぼろ流れて止まりません。

⑬ 小さな石がころころ転がってきました。

⑭ 大きな岩がごろごろ転がってきました。

⑮ 遊園地でくるくる回るコーヒーカップに乗りました。

⑯ 道に迷って同じ所をぐるぐる回ってしまいました。

4 考えてみよう 생각해 봅시다

1. 〔소리 내어 연습해 봅시다〕에서 연습한 의성어·의태어의 박(拍) 수에는 어떤 특징이 있습니까?

2. 어떤 악센트가 사용되었습니까? 다음 중에서 골라 보세요.

❶ とんとん

❷ とんとん

❸ とんとん

3. 탁음이 있는 의성어·의태어와 탁음이 없는 의성어·의태어에는 의미상 어떤 차이가 있습니까?

4. 한국어의 의성어·의태어와 일본어의 의성어·의태어를 서로 비교해 보세요.

コラム 칼럼

발음이 같아도, 의미가 다른 의성어·의태어가 있습니다.
다음 의성어·의태어를 포함하는 문장을 발음해 보고 의미를 생각해 보세요.

❶ 日曜日は1日中うちでごろごろしています。

❷ 大きな岩がごろごろ転がってきました。

応用練習 응용연습 1

「〜です(て형은 〜で)」가 붙은 의성어·의태어의 악센트는 지금까지 연습한 것과는 다릅니다.

다음 예와 같이 의성어·의태어를 포함하는 문장을 발음해 보고 의미를 생각해 보세요.

예　日本語がぺらぺらです。（日本語がとても上手に話せます。）
　　일본어를 술술 합니다.(일본어를 아주 유창하게 말할 수 있습니다.)

❶ おなかがぺこぺこです。

❷ この靴(くつ)はぶかぶかで脱(ぬ)げそうです。

❸ このシャツは古(ふる)くてぼろぼろです。

応用練習　응용연습 2

2명이 짝이 되어 롤플레이를 해 보세요.

이 과에서 연습한 의성어·의태어를 사용하여 다음의 상황을 가정하고 연습해 보세요.

❶ 친한 친구가 새 반지를 끼고 있는 것을 보았습니다. 그 친구에게 반지에 대해 물어 보세요.

❷ 아파트의 수도에서 물이 새고 있습니다. 집주인에게 가서 그 일을 설명하고 고쳐 달라고 부탁해 보세요.

❸ 오늘 아침, 전철 안에서 책을 읽고 있는데, 옆 사람이 큰 소리로 웃어서 시끄러워 책을 읽을 수가 없었습니다. 그 일을 친구에게 얘기해 보세요.

タスク　과제

〔응용연습2〕의 롤플레이 회화를 녹음해 보세요. 이 과에서 연습한 의성어·의태어를 사용해 보세요.

제9과 | 인토네이션

이 과에서는 인토네이션 연습을 하겠습니다. 인토네이션은 커뮤니케이션에 있어서 말하는 사람의 기분을 전달하는 데 아주 중요한 역할을 합니다. 문장이 정확하더라도 인토네이션이 틀리면 의미가 달라질 수도 있습니다. 이 과의 롤플레이에서는 문맥의 인토네이션에 주의하여 발음 연습을 할 수 있습니다.

1 聞いてみよう 들어 봅시다

CD를 듣고 문장을 쓰세요. 그리고 나서 예와 같이 인토네이션을 표시하세요. 소리의 높이와 길이에도 주의합시다.

09-01

예1　そうですか　　　（　↗　）

예2　そうですか　　　（　↘　）

❶ _____ （　　　）

❷ _____ （　　　）

❸ _____ （　　　）

❹ _____ （　　　）

❺ _____ （　　　）

❻ _____ （　　　）

❼ _____ （　　　）

❽ _____ （　　　）

2 発音してみよう 발음해 봅시다

CD를 듣고, 인토네이션과 의미에 주의해서 다음의 문장을 발음해 봅시다.

1. じゃない
09-02

❶ いい会社じゃない？　　いい会社だと思わない？　　（동조, 의견을 구함）

❷ いい会社じゃない。　　いい会社ではない。　　（부정）

❸ いい会社じゃない。　　意外といい会社だ。　　（놀람）

2. でしょう
09-03

❶ あしたは晴れるでしょう。　（추측）

❷ それは大変だったでしょう。　（동정）

❸ あなたも行くでしょう？　（확인・동의를 구함）

3. でしょうか
09-04

❶ 休んでもよろしいでしょうか。　（정중한 질문）

❷ 授業は終わったんじゃないでしょうか。　（추측）

❸ だれが信じるでしょうか。　（의심）

3 声に出して練習しよう 소리 내어 연습해 봅시다

밑줄 친 부분의 인토네이션에 주의하여 발음해 보세요.

1. じゃない

09-05

❶ (大学で)

学生1　早稲田の学生って、まじめ<u>じゃない</u>?
学生2　うん。まじめな学生が多いよ。

❷ (喫茶店で)

学生1　新しいアパート、どう? 静かな所?
学生2　ううん。あまり静か<u>じゃない</u>。

❸ (アパートで)

学生1　どうぞ、中に入って。
学生2　へえ、意外ときれいな部屋<u>じゃない</u>。

2. でしょう

09-06

❶ (天気予報)

アナウンサー　明日は、東日本では曇り、西日本では雨になる<u>でしょう</u>。

❷ (テニスクラブで)

学生1　来週の合宿、山田さんも行く<u>でしょう</u>?
学生2　うん。来月の試合のためにもっと練習しなきゃね。

❸ (研究室で)

学生　　　母が入院して、急に帰国しなければなりませんでした。

先生　　　ああ、それは大変だった<u>でしょう</u>。

3. でしょうか

09-07

❶ (会社で)

部下　　　明日の会議のことなんですが。

上司　　　うん。

部下　　　実は、子どもが病気なんです。

上司　　　ああ、そうなの。

部下　　　申し訳ありませんが、休んでもよろしい<u>でしょうか</u>。

❷ (会社で)

会社員1　　あれ、もうだれもいませんね。

会社員2　　今日は、仕事が早く終わったんじゃない<u>でしょうか</u>。

❸ (マンションのそばで)

学生1　　この辺のマンションは、月50万以上とか聞きましたよ。

学生2　　そんな高い家賃、だれが払うん<u>でしょうか</u>。

4 考えてみよう 생각해 봅시다

〔소리 내어 연습해 봅시다〕의 인토네이션에는 어떤 특징이 있습니까? 각각의 인토네이션의 형태를 생각해 보고 서로 이야기해 보세요.

コラム 칼럼

정중하게 이야기할 때는 보통 소리가 높아지고, 한 글자 한 글자 정확하게 발음합니다. 또한, 놀람이나 기쁨의 감정이 클수록 소리의 고저(高低)의 폭이 커지게 됩니다.

応用練習 응용연습 1

회화에서 자주 사용하는 「そうですね」와 「そうですか」를 연습해 보세요. 말하는 사람의 기분을 생각하면서 발음해 보세요.

1. そうですね

(研究室で)

学生1　最近、雨がよく降りますね。
学生2　そうですね。毎日じめじめして嫌な天気ですね。

09-08

❷ (会社で)

部長　明日の会議は4時からだと思うけど…。そうですね?

秘書　はい。4時からの予定です。

❸ (研究室で)

先生　ちょっと、手伝ってもらえるかな。英語の翻訳なんだけど。

学生　お急ぎですか。

先生　うん、まあ、できればね。

学生　そうですね…。来週レポートの提出で、今、ちょっと…。

2. そうですか

09-09

❶ (会社で)

会社員1　今日の会議は5時からになりましたよ。

会社員2　そうですか。じゃ、またあとで。

❷ (近所で)

主婦1　うちの娘が東大に受かったんですよ。

主婦2　そうですか。それはおめでとうございます。よかったですね。

❸ (大学で)

学生1　日本語のテストは、来週の火曜日ですよね。

学生2　え、そうですか? 水曜日って聞きましたよ。

④ (レストランで)

会社員1　ここは、わたしが。

会社員2　えっ、でも…。

会社員1　わたしが誘ったんですから、払わせてください。

会社員2　そうですか…。じゃ、今日はごちそうになります。

⑤ (大学で)

学生1　日本語が上手ですね。

学生2　いや、まだまだです。勉強を始めてまだ半年ですから。

学生1　そうですか。そんなふうには見えませんね。

応用練習　응용연습 2

당신은 친구와 니코로 여행할 예정입니다. 모두의 의견을 듣고 숙박할 곳을 결정합시다.

확인·반문에 자주 사용되는 인토네이션을 연습합니다. 이 인토네이션은 끝이 올라가지만, 악센트는 그대로 입니다. 먼저 다음의 예를 발음해 보세요.

09-10

	일반적인 경우 말할 때	확인·반문
ホテル	❶ ホテル	❷ ホテル
旅館	❸ りょかん	❹ りょかん

다음의 예를 연습합시다. 대답하는 사람은 인토네이션에 주의하여, 밑줄 친 부분의 낱말을 반복해서 발음해 보세요. A2, A3과 같이 부정의 경우는 끝을 흐리는 인토네이션이 되도록 주의하세요. 다른 사람의 기분을 생각하여, 딱 잘라 말하지 않는 편이 좋은 경우도 있습니다.

예 旅館 / ホテル

09-11

Q　旅館がいい?

A1　旅館? うん、いいよ。

A2　旅館? わたしはホテルのほうが…。

A3　旅館? ううん…。僕は旅館はちょっとえね…。

그럼 다음과 같은 질문을 하면서 친구의 의견을 물어 보세요. 그리고 모두의 의견에 가장 일치하는 곳을 찾아 보세요.(뒷장에 있는 표에 써 넣고 4개의 호텔 중에서 가장 적당한 곳을 고릅니다.)

❶ 和室がいい?（↔ 洋室のほうがいい）

❷ ベッドがいい?（↔ ふとんのほうがいい）

❸ 部屋にシャワーが要る?（↔ なくてもいい）

❹ 温泉は好き?（↔ 温泉は好きじゃない）

❺ 和食でいい?（↔ 洋食のほうがいい）

❻ 予算は10,000円以上でもいい?（↔ 10,000円以下がいい）

❼ ?

	わたし	(　)さん	(　)さん	(　)さん
例：旅館/ホテル				
❶ 和室/洋室				
❷ ベッド/ふとん				
❸ シャワー				
❹ 温泉				
❺ 和食/洋食				
❻ 10,000円以上/10,000円以下				
❼ ?				

あさひホテル

温泉あり
온천 있음

和室・洋室、シャワーあり
일본식 방・서양식 방, 샤워기 있음

ふとん・ベッド
이불・침대

和食・洋食バイキング
일본식・서양식 뷔페

宿泊13,000円～
숙박 13,000엔～

はとや旅館

3種類の温泉でのんびり
3종류의 온천에서 느긋하게

ふとん・ベッド
이불・침대

和室・洋室、シャワーなし
일본식 방・서양식 방, 샤워기 없음

和食が自慢! さしみ料理
일본 음식을 자랑함! 생선회 요리

宿泊15,000円～
숙박 15,000엔～

にこにこ旅館

和室に共同シャワー
일본식 방에 공동 샤워기

ふとん
이불

山菜料理(和食)
산채요리(일본식)

宿泊6,000円〜
숙박 6,000엔〜

笑顔のサービス
친절 서비스

みどりホテル

洋室、シャワーあり
서양식 방, 샤워기 있음

ベッド
침대

有名シェフによる洋食
유명한 요리사가 만든 서양식 요리

宿泊8,000円〜
숙박 8,000엔〜

近くに温泉あり(車で10分)
근처에 온천 있음(자동차로 10분)

그럼, 모두의 의견에 가장 일치하는 곳은 어디입니까?
_____ 입니다.

タスク 과제

09-12

1. 〈보기〉에서 답을 고르고, 대화를 녹음해 보세요.

― 〈보기〉 ―
じゃない　　でしょう　　でしょうか　　そうですか　　そうですね

❶ (うちで)

子ども　ケーキ作ったんだけど、ちょっと食べてみて。
母親　　あら、意外とおいしい＿＿＿＿＿＿。
子ども　わたしも料理が上手になった＿＿＿＿＿＿。

---

❷ (研究室で)

学生　すみません、今、ちょっとよろしい＿＿＿＿＿＿。
先生　はい。何か。

---

❸ (会社で)

会社員1　あしたの夜、ちょっと飲みに行かない？
会社員2　＿＿＿＿＿＿。あしたはちょっと…。あさってなら大丈夫ですが。

---

❹ (大学で)

学生1　新しい部屋、きれい？
学生2　あまりきれい＿＿＿＿＿＿。

❺ (会社で)

会社員1　仕事が終わってから、松本さんもいっしょに食事に行く＿＿＿＿＿？

会社員2　あ、ごめんなさい。今晩は友達が来ることになってるから、また今度。

❻ (カラオケ・バーで)

部下　　歌がお上手ですね。

上司　　いや、実は、カラオケに来たのは始めてなんだよ。

部下　　＿＿＿＿＿＿。

2. 다음의 표현을 사용한 대화문을 녹음해 보세요.

❶ そうですか
❷ そうですね
❸ ～じゃない
❹ ～でしょうか
❺ ～でしょう

제10과 | 자기소개 표현의 인토네이션

이 과에서는 자기소개를 할 때의 발음을 연습합시다. 처음 만났을 때는 말하는 사람의 발음에 따라 인상이 바뀝니다. 매끄러운 발음의 자기소개는 듣기 쉽고 이해하기 쉽습니다. 듣는 사람이 잘 기억할 수 있도록 적절한 말이나 표현을 사용하는 것과 더불어 어떻게 발음하면 좋을까를 생각해 봅시다.

1 聞いてみよう 들어 봅시다

문장을 보면서 CD를 들어 보세요. 예와 같이 일본어를 모국어로 사용하는 사람이 알아듣기 쉬운 쪽에 ○표를 하세요.

10-01

예 韓国から来たイといいます。　　　ⓐ　　b
　　한국에서 온 이라고 합니다.

❶ 中国から来た楊です。　　　　　　a　　b

❷ キムという名前の人は多いです。　a　　b

❸ 牛どんは一番好きな食べ物です。　a　　b

❹ 親しみやすいニックネームです。　a　　b

❺ 皆さんも一度食べてみてください。a　　b

❻ オーストリアじゃありません。　　a　　b

❼ 役に立つ仕事がしたいと思います。a　　b

❽ 去年東京へ来ました。　　　　　　a　　b

2 発音してみよう 발음해 봅시다

다음의 자기소개 문장을 발음해 보세요.

A. 김동규 씨의 자기소개

10-02

わたしは韓国から来たキム・ドンギュといいます。韓国ではキムという名前の人は多いんですが、ドンギュはちょっと珍しい名前なので、牛どんの逆さまと覚えてください。時々「キム牛どんさん」と呼ぶ日本人の友達がいますが、牛どんは一番好きな食べ物ですし、親しみやすいニックネームなので、わたしは結構気に入っています。皆さんも一度食べてみてください。よろしくお願いします。

B. 피터 나이트 씨의 자기소개

10-03

私はオーストラリアのピーター・ナイトと申します。オーストリアじゃなくて、オーストラリアです。去年東京へ来ました。ナイトという名前は、いつも日本語の「内藤」という名前と間違えられますが、実は騎士という意味でK-N-I-G-H-Tと書きます。専門は国際政治で、将来は日本とオーストラリアのために役に立つ仕事がしたいと思います。どうぞよろしくお願いいたします。

3 声に出して練習しよう 소리 내어 연습해 봅시다

1. 리듬(제2과 일본어의 리듬)을 생각하면서 발음하세요. 두 박(拍)을 하나의 리듬으로 해서, 손을 움직이면서 발음합니다. 자신의 이름도 발음해 보세요.

10-04

❶ かん・こく・から・きた・キム・ドン・ギュと・いい・ます。
❷ オー・スト・ラリ・アの・ピー・ター・ナイ・トと・もう・しま・す。

❸ 자신의 이름

かん　　こく　　から　　きた

2. 그리고 의미를 생각하면서 발음해 보세요. 손은 천천히 움직여 주세요.

10-05

❶ かんこくからきた・キムドンギュと・いいます。
❷ オーストラリアの・ピーター ナイトと・もうします。
❸ 자신의 이름

かんこくからきた　　キムドンギュと　　いいます

3. 이름 쓰는 방법을 설명할 때는 알파벳은 일본어식 발음으로 확실하게 발음하세요.

10-06

A~Z의 발음은 다음과 같습니다.

エー A	ビー B	シー C	ディー D	イー E	エフ F	ジー G	エイチ H
アイ I	ジェー J	ケー K	エル L	エム M	エヌ N	オー O	ピー P
キュー Q	アール R	エス S	ティー T	ユー U	ブイ V	ダブリュ W	エックス X
ワイ Y	ゼット Z						

10-07

❶ K−N−I−G−H−T
❷ P−E−T−E−R
❸ 자신의 이름

4 考えてみよう 생각해 봅시다

1. 〔발음해 봅시다〕의 자기소개에서는 자신의 이름에 대한 발음이나 철자를 기억하기 쉽게 하기 위해 어떻게 했습니까? 서로 이야기해 보세요.

   ....
   ....
   ....

2. 여러분의 자기소개에서는 자신의 이름을 기억하기 쉽게 하기 위해 어떻게 말하면 좋을지 생각해 보세요.

   예 「騎士（きし）」という意味（いみ）で、K−N−I−G−H−Tと書（か）きます。
   　　기사라는 의미이며, K−N−I−G−H−T라고 씁니다.

   　　「美（うつく）しい雲（くも）」と書（か）いて、美雲（みうん）といいます。
   　　아름다운 구름이라고 쓰고, 미운이라고 합니다.

コラム 칼럼

일본어의 인토네이션은 히라가나의 「へ」라는 글자와 비슷하기 때문에 「へ자형 인토네이션」이라고 불립니다. 단어의 악센트나 강조하고 싶은 말에 따라서도 전체의 인토네이션은 변하지만, 처음에서부터 마지막에 걸쳐서 소리의 높이가 차츰 내려갑니다.

🔊 10-08

다음과 같은 이미지로 발음하면 듣기 쉬운 발음이 됩니다.

1. 먼저 히라가나의 「へ」글자를 이미지화 해서, へ자형 인토네이션으로 발음합니다.

日本（にほん）と オーストラリアのために 役（やく）に立（た）つ仕事（しごと）がしたいと思（おも）います。

2. 강조하고 싶은 말이 있으면, 그 말을 높게 발음합니다.

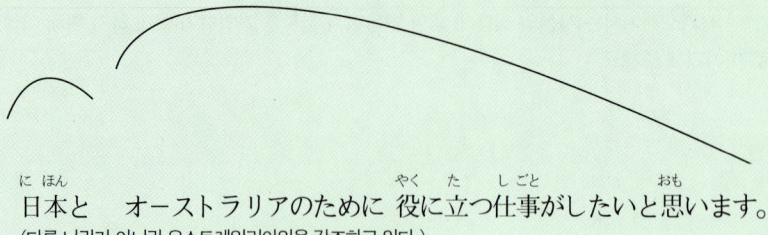

日本と　オーストラリアのために　役に立つ仕事がしたいと思います。
(다른 나라가 아니라 오스트레일리아임을 강조하고 있다.)

応用練習　응용연습 1

다음의 표현을 발음해 보세요.

밑줄 친 부분에 포즈(pause)를 넣거나 음 높이의 오르내림이 많으면 두 개의 낱말로 들립니다.

10-09

① <u>食べてみて</u>ください。
② <u>親しみやすい</u>ニックネームです。
③ <u>結構気に入って</u>います。
④ <u>役に立つ仕事</u>がしたいです。

応用練習　응용연습 2

다음 문장의 구조를 생각하고 발음해 보세요.

1. 【　】는 의미상 하나로 묶을 수 있는 부분을 나타내는데, 포즈를 넣지 않고 함께 발음하는 편이 듣는 사람이 이해하기 쉬워집니다. 우선【　】로 표시한 부분만 발음해 보세요.

2. 【　】바로 뒤에 오는 단어도 포즈를 넣지 않고 계속해서 발음하면 매끄럽게 들립니다. 그럼 문장을 발음해 보세요.

3. 마지막으로 포즈의 위치와 길이를 생각하면서 발음해 보세요. 「、」가 있는 곳에는 짧은 포즈(●)를, 「。」가 있는 곳에서는 조금 긴 포즈(●●)를 넣어 봅시다.

10-10

A　わたしは¹⁾【韓国から来たキム・ドンギュ】といいます。●●韓国では²⁾【キムという名前の人】は多いんですが、●ドンギュは³⁾【ちょっと珍しい名前】なので、●⁴⁾【牛どんの逆さま】と覚えてください。●●時々⁵⁾「キム牛どんさん」と呼ぶ日本人の友達】がいますが、●牛どんは⁶⁾【一番好きな食べ物】ですし、●⁷⁾【親しみやすいニックネーム】なので、●わたしは結構気に入っています。●●皆さんも一度食べてみてください。●●よろしくお願いします。●●

10-11

B　私は¹⁾【オーストラリアのピーター・ナイト】と申します。●●オーストリアじゃなくて、●オーストラリアです。●●去年東京へ来ました。●●²⁾【ナイトという名前】は、●いつも³⁾【日本語の「内藤」という名前】と間違えられますが、●実は⁴⁾【騎士という意味】でK−N−I−G−H−Tと書きます。●●専門は国際政治で、●将来は⁵⁾【日本とオーストラリアのために役に立つ仕事】がしたいと思います。●●どうぞよろしくお願いいたします。●●

タスク 과제

1. 자기소개문을 써 보세요.

   _____

   _____

   _____

   _____

   _____

2. [응용연습2]의 문제 1.을 참고로 하여 의미상 하나로 묶을 수 있는 부분을【　　】로 표시해 보세요.

3. [응용연습2]의 문제 3.을 참고로 하여, 포즈의 길이를 ●나 ●●로 표시해 보세요.

4. 여러번 소리 내어 연습하고 녹음해 보세요.

제11과 | 감정·의도를 전하는 화법

일본어로 자신의 생각이나 감정·의도를 듣는 사람에게 보다 자연스럽게 전달되도록 말하는 것이 여러분의 목표입니다. 표정 등으로도 듣는 사람에게 여러 가지가 전달되지만, 역시 커뮤니케이션에 있어서 음성이 제일 중요하겠지요. 이 과에서는 자신의 생각이나 감정을 보다 자연스럽게 듣는 이에게 전하도록 어떻게 발음하면 좋을지 생각해 봅시다.

1 聞いてみよう 들어 봅시다

CD를 들어 보세요. 같은 문장을 두 번 읽습니다. 문장은 같지만 발음은 다릅니다. 두 번씩 듣고, 다음 예와 같이 다른 부분을 표시하세요.

11-01

예1 東京から京都まで新幹線で行くといいですよ。
도쿄에서 교토까지 신칸센으로 가면 됩니다.

예2 隣に ハンサムな兄と 弟が住んでいます。 이웃에 잘생긴 형과 동생이 살고 있습니다.
     ↑   ↑

❶ 次郎は三朗と北京に行きました。

❷ 山田さんは毎晩10時まで図書館で勉強しているんですよ。

❸ 鈴木さんは来月ニューヨークに留学するそうですよ。

❹ 東京駅のすぐそばに温泉があるんですよ。

❺ 隣にきれいな姉と妹が住んでいます。

❻ お兄さんは一生懸命勉強する弟を手伝いました。

⑦ 母が焼いたばかりのケーキを食べてしまいました。

⑧ 今日は難しい試験と面接がありました。

2 発音してみよう 발음해 봅시다

다음 문장을 첫 번째는 ❶, 두 번째는 ❷의 의미가 되도록 두 번 발음해 보세요.

🔘 11-01

예1 東京から京都まで新幹線で行くといいですよ。
도쿄에서 교토까지 신칸센으로 가면 됩니다.

❶ 東京から京都まで新幹線で行くといいですよ。
　　　　포커스
(오사카가 아니라 교토까지 신칸센으로 가면 됩니다.)

❷ 東京から京都まで新幹線で行くといいですよ。
　　　　　　　　　포커스
(버스가 아니라 신칸센으로 가면 됩니다.)

예2 隣にハンサムな兄と弟が住んでいます。
이웃에 잘생긴 형과 동생이 살고 있습니다.

❶ 隣に●ハンサムな兄と弟が住んでいます。
　　　포즈
(형도 동생도 잘생겼습니다.)

❷ 隣にハンサムな兄と●弟が住んでいます。
　　　　　　　　　　포즈
(형만 잘생겼습니다.)

1. 次郎は三朗と北京に行きました。

   ① 上海ではなくて、北京に行きました。

   ② 五郎ではなくて、三朗と行きました。

2. 山田さんは毎晩10時まで図書館で勉強しているんですよ。

   ① 8時ごろまでではなくて、10時まで勉強しています。

   ② うちではなくて、図書館で勉強しています。

3. 鈴木さんは来月ニューヨークに留学するそうですよ。

   ① ワシントンではなくて、ニューヨークです。

   ② 仕事ではなくて、留学です。

4. 東京駅のすぐそばに温泉があるんですよ。

   ① 他の駅ではなく、東京駅なんです。

   ② 普通のお風呂ではなくて、温泉があるんです。

5. 隣にきれいな姉と妹が住んでいます。

   ① 姉も妹もきれいです。

   ② 姉だけきれいです。

6. お兄(にい)さんは一生懸命勉強(いっしょうけんめいべんきょう)する弟(おとうと)を手伝(てつだ)いました。

❶ 弟(おとうと)は一生懸命勉強(いっしょうけんめいべんきょう)しました。

❷ お兄(にい)さんは一生懸命(いっしょうけんめい)手伝(てつだ)いました。

7. 母(はは)が焼(や)いたばかりのケーキを食(た)べてしまいました。

❶ だれかが焼(や)いたばかりのケーキを、母(はは)が食(た)べてしまいました。

❷ 母(はは)が焼(や)いたばかりのケーキを、だれかが食(た)べてしまいました。

8. 今日(きょう)は難(むずか)しい試験(しけん)と面接(めんせつ)がありました。

❶ 試験(しけん)も面接(めんせつ)も難(むずか)しかったです。

❷ 試験(しけん)だけ難(むずか)しかったです。

3 声に出して練習しよう 소리 내어 연습해 봅시다

A는 문장의 밑줄 친 부분 중 한 부분에 포커스를 두고 발음합니다. B는 A의 발음을 듣고 A가 강조한 부분을 ❶ ~ ❸ 중에서 골라 발음해 보세요.

11-02

예 A <u>東京(とうきょう)</u>から<u>京都(きょうと)</u>まで<u>新幹線(しんかんせん)</u>で行(い)くといいですよ。

포커스

B ❶ 東京(とうきょう)ですね。

❷ 京都(きょうと)ですね。

❸ 新幹線(しんかんせん)ですね。

1. A 次郎は三朗と北京に行きました。
   B ① えっ、次郎が？
   ② えっ、三朗と？
   ③ えっ、北京に？

2. A 山田さんは毎晩10時まで図書館で勉強しているんですよ。
   B ① へえ、山田さんがねえ。
   ② へえ、毎晩10時までねえ。
   ③ へえ、図書館でねえ。

3. A 武田さんは来月ニューヨークに留学するそうですよ。
   B ① ええっ、武田さんが？
   ② ええっ、来月？
   ③ ええっ、ニューヨークに？

4 考えてみよう 생각해 봅시다

〔발음해 봅시다〕에서 의미의 차이는 발음의 차이와 어떤 관계가 있습니까?

> **コラム** 칼럼

포즈의 사용 방법을 연습합시다. 다음과 같은 발음을 듣는 경우도 있습니다.

<ruby>東京</ruby>●から<ruby>京都</ruby>●まで<ruby>新幹線</ruby>●で<ruby>行</ruby>くといいですよ。
とうきょう　　きょうと　　　しんかんせん　　い

이러한 발음은 일본인이 알아듣기 어렵습니다. 조사는 문장 구조상 앞단어와 함께 발음하는 것이 알아듣기 쉽습니다.

<ruby>東京</ruby>から<ruby>京都</ruby>まで<ruby>新幹線</ruby>で<ruby>行</ruby>くといいですよ。
とうきょう　きょうと　　しんかんせん　い

이처럼 문장 구조와 포즈에 주의하여 발음하면 듣는 사람이 더 잘 알아 듣게 됩니다.

応用練習　응용연습 1

포즈를 사용하는 것에 따라 쉽게 의미의 차이를 알 수 있습니다.

11-03

●의 부분에 포즈를 넣어서 발음해 보세요. 두 문장의 차이가 확실해 집니다. 빈 칸에 의미의 차이를 써 보세요.

예　隣にきれいな姉と妹が住んでいます。
となり　　　　　あね　いもうと　す
　　이웃에 예쁜 언니와 여동생이 살고 있습니다.

① 隣に●きれいな姉と妹が住んでいます。 (언니도 여동생도 예쁩니다.)

② 隣にきれいな姉と●妹が住んでいます。 (언니만 예쁩니다.)

1. 川村さんは一生懸命掃除をする兄を手伝いました。
かわむら　　いっしょうけんめいそうじ　　あに　てつだ

① 川村さんは●一生懸命掃除をする兄を手伝いました。

→ ....

❷ 川村さんは一生懸命●掃除をする兄を手伝いました。
　→
　...

2. 妹が作ったばかりのご飯を食べてしまいました。

❶ 妹が●作ったばかりのご飯を食べてしまいました。
　→
　...

❷ 妹が作ったばかりのご飯を●食べてしまいました。
　→
　...

3. 入学するためには難しい試験と面接を受けなければなりません。

❶ 入学するためには●難しい試験と面接を受けなければなりません。
　→
　...

❷ 入学するためには難しい試験と●面接を受けなければなりません。
　→
　...

応用練習　음운연습 2

1. 의미를 강조하고 싶을 때 발음이 달라집니다. CD를 듣고 예와 같이 발음의 변화를 표시 하세요.

11-04

예　愛子さんはとてもうれしそうでした。　아이코 씨는 너무 기쁜 것 같았습니다.

　（とても → とっても）

❶ 今日のテストはすごく難しかった。
　（　　　　　→　　　　　　）

❷ ぜんぜん話せなかった。
　（　　　　　→　　　　　　）

❸ やっぱりあの人がやったんだ。
　（　　　　　→　　　　　　）

2. 의미를 강조하고 싶을 때의 발음을 생각하면서, 다음의 상황을 가정하여 롤플레이를 연습해 보세요.

❶ 당신은 친한 친구의 집에 초대받았습니다. 그 친구는 맛있는 요리를 많이 만들어 주어서 아주 즐거웠습니다. 다음 날 학교에서 그 친구를 만나서 그 사실을 전하고 감사의 뜻을 전하세요.

❷ 오늘 일본어 시험이 있었습니다. 그 시험은 너무 어려워서 잘 보지 못했습니다. 친구와 시험에 관해서 이야기해 보세요.

応用練習　응용연습 3

다음의 예를 들어 보세요.

11-05

예1　A　あのう、ごみのことなんですけど…。　저, 쓰레기 말이에요.
　　　B　はい。　네

예2　A　あのう、ごみのことなんですけど…。　저, 쓰레기 말이에요.
　　　B　はい。　네

- A는 쓰레기에 관해서 이야기를 시작하려던 참입니다. 이 대화문은 문장은 같지만, 발음에 따라 다음에 이어지는 내용이 달라집니다.

예 1의 다음에 이어지는 문장 :

A 燃えないごみは何曜日に出したらいいんでしょう。教えていただけますか。
타지 않는 쓰레기는 무슨 요일에 내놓으면 좋을까요. 가르쳐 주시겠습니까?

예 2의 다음에 이어지는 문장 :

A ごみを出す日の前の夜に出しちゃだめなんですよ。もう、本当に迷惑なんだから。
쓰레기를 버리는 전날 밤에 내놓으면 안 됩니다. 정말로 폐가 되잖아요.

예 1의 A의 발음은 '죄송합니다' 라는 마음을 전하고 있습니다. A가 예 2와 같이 발음했을 경우는 불평을 전하려는 의도가 있습니다.

1. 다음 롤플레이를 연습해 보세요. 자신의 의도가 듣는 사람에게 올바르게 전해지도록 주의해서 발음하세요.

❶ 당신은 금요일 수업 시간에 발표하기로 되어 있었는데, 갑자기 고향에서 부모님이/친구가 오게 되어서 결석해야만 합니다. 교수님에게 그 사정을 설명하고, 발표를 다음 주로 연기해 달라고 부탁해 보세요.

❷ 당신은 일주일에 3일간 아르바이트를 하고 있는데 바빠서 공부할 시간이 없습니다. 하지만 좋은 아르바이트라서 그만두고 싶지는 않습니다. 다음 달부터 일주일에 하루만 일하고 싶다고 상사에게 말해 보세요.

タスク 과제

1. 이 과의 롤플레이를 하나 선택해서 녹음해 보세요.

2. '인생에서 가장 인상깊었던 일'이라는 주제로 짧은 스피치를 해 보세요.

3. 우선 주제에 대한 원고를 쓰세요.

4. 그 다음에 의미를 생각하고, 듣는 사람이 알아듣기 쉽도록 인토네이션이나 포즈 넣는 방법을 생각해 봅니다. 스피치 내용 중에서 강조하고 싶은 곳을 생각해서 천천히 큰 소리로 발음해 보세요.

5. 여러번 연습하여 발음이 자연스러워지면 원고를 보지 않고 녹음해 보세요.

잠시 쉬어 가기

우리말 놀이에 '간장공장 공장장은 강공장장이고, 된장 공장 공장장은 장 공장장이다.'처럼 비슷한 발음으로 된 말을 빨리 발음하는 놀이가 있습니다. 일본어에도 이와 같은 「早口(はやくち)ことば」란 말놀이가 있습니다.

다음의 문장을 천천히 발음한 다음 자신이 생기면, 빨리 발음해 보세요. 또한 처음부터 끝까지 한 번에 틀리지 않고 발음이 되면 3번 연이어서 발음해 봅시다.

❶ 赤パジャマ黄パジャマ茶パジャマ
❷ 生麦生米生卵
❸ 隣の客はよく柿食う客だ
❹ 坊主がびょうぶに上手に坊主の絵を描いた
❺ カエルピョコピョコ3ピョコピョコ合わせてピョコピョコ6ピョコピョコ

제12과 | 특히 한국인이 잘 틀리는 발음

1. 청음과 탁음의 발음

문제점

「韓国かんこく」가「監獄かんごく」로,「わたし」가「わだし」로 발음되는 경우가 있습니다.「わったし」처럼 발음되는 경우도 있습니다.

해 설

일본어는 청음(무성음)과 탁음(유성음)으로 구분하는데, 한국어는 평음·격음·농음(된소리)으로 구분해서 일본어와는 다릅니다.

연습법

12-01

〔어중(語中)의 경우〕

일본어의 어중(語中)에서 무성음을 한국어의 평음(예: 가, 다)으로 발음하면 일본인에게는 다음과 같이 들릴 수 있으니 주의하세요.

たかい 다가이 → たがい   あたま 아다마 → あだま

평음 대신 격음으로 발음하면 강한 날숨을 동반하므로 조금 약하게 발음하도록 합니다.
그럼 연습해 보세요.

❶ か   か   かい   こうかい
❷ こ   こ   こう   しんこう
❸ た   た   たい   じゅうたい

103

농음(된소리)으로 발음하면 일본인에게는 다음과 같이 들릴 수 있으므로 주의하세요.

たかい 다까이 → たったい　　　　　あたま 아따마 → あったま

〔어두(語頭)의 경우〕

어두의 유성음을 한국어의 평음으로 발음하면 일본인에게는 다음과 같이 들릴 수 있습니다.

だいがく 다이가꾸 → たいがく　　　　　でんき 뎅끼 → てんき

단어와 문장 연습

1. 다음의 단어를 발음해 보세요.　　　　　　　　　　　　　　　　　　　　　12-02

　❶ 後悔^{こうかい}　郊外^{こうがい}　　❷ 信仰^{しんこう}　信号^{しんごう}　　❸ 渋滞^{じゅうたい}　重大^{じゅうだい}

2. 다음 문장을 발음해 보세요.　　　　　　　　　　　　　　　　　　　　　12-03

　❶ 郊外に家を買ったことを後悔している。
　❷ 連休はたいへんな渋滞に巻き込まれた。

2 「つ」의 발음

문제점

「つ」의 발음이 「ちゅ」가 됩니다. 「ひとつ, ふたつ」가 「ひとちゅ, ふたちゅ」, 「専門せんもんは物理ぶつりです」가 「せんもんはぶちゅりです」라고 발음됩니다.

해 설

한국어에서 「う」에 가까운 모음이 두 개 있습니다. (1)은 입술을 둥글게 하지 않고 발음하고, (2)는 입술을 둥글게 해서 발음합니다. (3)은 「ゆ」에 가까운 발음입니다. 「う」는 입술을 둥글게 하지 않고 발음하므로 (1)에 가까운 발음이라고 할 수 있습니다. 입술에 힘을 넣지 않고 편안하게 「う」라고 발음해 보세요.

(1)	(2)	(3)
으	우	유

다음으로 자음을 조합합니다. (4)와 (5)는 무엇이 다를까요? 발음해 보면 알겠지만 (4)를 발음할 때는 혀가 천장에 닿지 않습니다. (5)는 혀가 천장에 닿습니다. 일본어의 「つ」는 한국어의 (4), (5), (6)과는 다른 음이지만, (5)와 (6)의 사이의 음으로 생각하고 발음해 봅시다. 「스」와 「쓰」의 혀의 위치에서 위로 한 번 혀를 붙이고 숨을 내쉽니다.

(4)	(5)	(6)
쓰	쯔	츠

연습법

1. 모음의 발음 연습부터 시작합니다. 한국어의 (1)에서는 입술을 옆으로 넓히듯이 발음하기 때문에 긴장이 따르게 됩니다. 팔의 힘을 빼고 상체를 약간 앞으로 숙이고, 편안하게 「う」라고 발음해 봅시다. 다음으로 자음을 붙여서 발음을 연습합니다. 「す」와 「つ」의 혀의 위치는 같습니다.

12-04

❶ す　つ　す　つ　す　つ　つ　つ
❷ す　つ　す　つ　つまらない
❸ す　つ　つ　つめたい

2. 다음의 예에서는 모음이 무성화해서 듣기 어렵습니다. (제4과의 [응용연습2]를 참조하세요).

12-05

❶ す　つ　す　つ　つかいます
❷ す　つ　つ　つかれます

3. 마지막으로 어중(語中)에서의 발음을 연습합시다.

12-06

❶ あつい / むしあつい / なつかしい
❷ てつだいます / しつれいします / みつかります

단어와 문장 연습

1. 다음의 문장을 발음해 봅시다.

❶ 先_{さき}ほどは、失礼_{しつれい}しました。

❷ すみませんが、ちょっと手伝_{てつだ}ってください。

❸ 暑_{あつ}いね。冷_{つめ}たい飲_のみ物_{もの}でもどう?

2. '10명의 인디언' 이란 노래의 가사를 다음과 같이 일본어로 바꿔서 불러 봅시다.

　　ひとつ、ふたつ、みっつ 落_おちた

　　よっつ、いつつ、むっつ 落_おちた

　　ななつ、やっつ、ここのつ 落_おちた

　　ココナツ 落_おちてきた

3 ザ행의 발음

문제점

「ざ・ず・ぜ・ぞ」가「じゃ(자)・じゅ(주)・じぇ(제)・じょ(조)」가 되어「おはようごじゃいます」、「むじゅかしいです」와 같은 발음이 됩니다.

해 설

한국어에는「ざ・ず・ぜ・ぞ」에 해당하는 발음이 없습니다. 그래서 한국어에서 가장 가까운 발음인 '자・주・제・조'로 대신 사용합니다.

연습법

12-08

「ざ・ず・ぜ・ぞ」의 발음이 「じゃ・じゅ・じぇ・じょ」가 되지 않도록 하기 위해서는 혀끝을 사용해서 가능한 한 앞쪽으로 발음하는 것이 중요합니다.

1. 우선, 「ｓｓｓｓ」라고 발음합니다. [s]를 될 수 있는 한 길게 늘여 주세요.

2. 이것을 조금씩 「ｚｚｚｚ」로 바꿔서 발음합니다.

3. 마지막으로 이 「ｚｚｚｚ」에 이어서 「あ」라고 발음합니다. 천천히 「ざ」로 바뀌어 갑니다. 「あ」대신에 「う」, 「え」, 「お」가 계속되면 「ず」, 「ぜ」, 「ぞ」를 발음할 수 있습니다.

그럼, 연습해 보세요.

❶ さ　ざ　さ　ざ　ざ　ざっし
❷ す　ず　す　ず　ず　ずっと
❸ せ　ぜ　せ　ぜ　ぜ　ぜんぶ
❹ そ　ぞ　そ　ぞ　ぞ　ぞう

단어와 문장 연습

1. 다음 단어를 발음해 봅시다.

12-09

❶ 受講(じゅこう)　　図工(ずこう)

❷ 王者(おうじゃ)　　王座(おうざ)

❸ 心情(しんじょう)　　心臓(しんぞう)

2. 다음 문장을 발음해 봅시다.

12-10

❶ 全部(ぜんぶ)できなくて残念(ざんねん)です。

❷ 心臓(しんぞう)がどきどきしています。

4 「ん」의 발음

문제점

「禁煙きんえん」이 「近年きんねん」으로, 「千円せんえん」이 「千年せんねん」처럼 발음됩니다.

해설

한국어로 '긴엔(キンエン)'이라고 하면 '기넨(キネン)'처럼 발음됩니다. 이 때문에 「禁煙きんえん」이 「記念きねん」이나 「近年きんねん」처럼 발음됩니다.

한국어에서는 '관리', '곤란'처럼 'ㄹ(l)' 앞에 있는 'ㄴ(n)'은 'ㄹ'로 변하므로, 「混乱こんらん」, 「信頼しんらい」의 「ん」이 'ㄹ'로 되어 버립니다. 또, '동래', '양력'처럼 'ㅇ(ng)'의 뒤에 있는 'ㄹ'은 'ㄴ'으로 변합니다. 「混乱こんらん」의 「ん」을 'ㅇ'으로 발음하면 「困難こんなん」이 되기 쉬우므로 주의하세요.

연습법

1. 다음 낱말의 발음 차이를 확인해 봅시다. 왼쪽 낱말에서는 앞부분의 [n]에서 혀끝을 천장에 붙이지 않고 「せーえん」, 「きーえん」으로 발음합니다. 장음이 코로 빠져나가는 듯한 느낌입니다.

   ◉ 12-11

   ❶ 千円 (せんえん) sen-en   千年 (せんねん) sen-<u>n</u>en
   ❷ 禁煙 (きんえん) kin-en   近年 (きんねん) kin-<u>n</u>en

2. 다음으로 리듬의 차이를 확인합니다. 왼쪽 낱말에서는 「タン・タン」, 오른쪽 낱말에서는 「タ・タン」의 리듬으로 발음합니다. (제2과의 [소리 내어 연습해 봅시다]를 참고하세요.)

   ◉ 12-12

   タン・タン   タ・タン
   ■   ■   ・ ■

   ❶ 禁煙 (きんえん) kin-en   記念 (きねん) ki-nen
   ❷ 親愛 (しんあい) shin-ai   市内 (しない) shi-nai

3. 마지막으로, 「ん+ラ행」을 연습해 봅시다. 「ん」과 「ら」를 이어서 발음할 때 음이 변하지 않도록 주의합시다.

12-13

❶ 信頼(しんらい) shin-rai　　親愛(しんあい) shin-ai

❷ 混乱(こんらん) kon-ran　　困難(こんなん) kon-nan

단어와 문장 연습

1. 다음 단어를 발음해 봅시다.

12-14

❶ 信頼(しんらい)　親愛(しんあい)　市内(しない)

❷ 禁煙(きんえん)　近年(きんねん)　記念(きねん)

2. 다음 문장을 발음해 봅시다.

12-15

❶ 全部(ぜんぶ)で千円(せんえん)です。

❷ 禁煙席(きんえんせき)をお願(ねが)いします。

5 가타카나 단어의 발음

문제점

「コーヒー」, 「フォーク」가 「コピー」, 「ポーク」처럼 들립니다.

해 설

한국어에도 많은 외래어가 있지만, 발음은 일본어와 다릅니다. 예를 들면, 한국어에서는 영어의 [f]발음을 커피(coffee), 포크(fork)처럼 'ㅍ' 으로 쓰고 있는데, 일본인에게는 '커피'는 「コピー(copy)」로 '포크'는 「ポーク(pork)」처럼 들립니다.

연습법

발음에 따라 낱말의 의미가 달라지므로 주의합니다. 일본어의 경우, 「ファミリー」, 「フォーク」처럼 [f]발음을 「ファ・フィ・フ・フェ・フォ」로 나타냅니다. 예외적으로 「コーヒー」처럼 ハ행의 음을 사용하는 경우도 있습니다.

그럼, 연습해 봅시다.

① ファ　　ファ　　ファミリー
② フィ　　フィ　　フィーリング
③ フ　　　フ　　　フレンド
④ フェ　　フェ　　フェンシング
⑤ フォ　　フォ　　フォーク

단어와 문장 연습

1. 다음 단어를 발음해 봅시다.

① ファイル
② フィルム
③ スカーフ
④ ソファー

2. 다음의 문장을 발음해 봅시다.

① コーヒー、お願(ねが)いします。
② スカーフをプレゼントしました。
③ ナイフとフォーク、ある？
④ アフリカに行(い)ってみたいです。

> **コラム 칼럼**
>
> 표준어를 쓰는 한국인의 일본어는 악센트의 고저(高低)의 차이가 거의 없고, 인토네이션도 평탄한 편입니다. 이에 반해 부산 사투리는 일본어의 악센트와 비슷한 소리의 고저(高低)가 있기 때문에 부산 사투리를 쓰는 한국인은 일본어의 악센트를 이해하기 쉬울 것입니다. 그렇지만 일본어의 악센트는 규칙적으로 정해져 있는 것이 아니므로 하나하나 외워야 합니다.

02 해설서

제1과 | 일본어의 음

목적
- 일본어의 음에 대해 알고, 올바른 발음을 할 수 있도록 한다.
- 음성과 표기가 바르게 연결될 수 있도록 한다.
- 가타카나로 된 일본어 발음에 익숙해진다.

1 聞いてみよう 들어 봅시다

❶ d ❷ b ❸ c ❹ d
❺ a ❻ d ❼ c ❽ b

- CD를 듣고 먼저 단음(単音) 수준의 발음을 알아들을 수 있는지를 체크합니다. CD를 듣고 체크한 후, [발음해 봅시다]로 넘어갑니다. 이 과가 끝난 후에 CD를 한 번 더 듣고 처음에 알아듣지 못 했던 음을 알아들을 수 있는지를 확인합니다.

이 문제의 힌트는 각각 다음과 같습니다.

⑩ 마찰음과 파찰음
❶ 마찰음과 파찰음·청탁음
❷ ラ행과 ナ행·タ행과 ダ행
❸ 청탁음·장단음
❹ ザ행·장단음·직음과 요음
❺ 외래어음·장단음
❻ 마찰음과 파찰음·청탁음
❼ 청탁음·발음(ん)과 장음
❽ 외래어음·장단음

- 발음만이 아니라 듣기에도 모국어의 영향이 나타납니다. 예를 들면, 「じ·ち」, 「ず·つ」, 「ば·ぱ」 등의 청탁음을 혼동하는 학습자가 많습니다. 한국어를 모국어로 하는 사람들은 ザ행음을 알아듣기는 어렵습니다. 제12과를 참고해 보세요.

- 또, 「じょ·じょう」 같은 장단음을 듣고 구분하기 어려워하는 학습자가 많습니다. 장음·촉음(「っ」)·발음(「ん」)은 듣기와 발음하기 둘 다 어려우니 주의하세요.

2 発音してみよう 발음해 봅시다

일본어의 음을 실제로 발음합니다. 일본어에는 다음과 같은 종류의 음이 있습니다.

1. 기본음 : 모음, 청음
2. 「゛」 또는 「゜」이 붙은 음 : 탁음과 반탁음
3. 작은 「ゃ」, 「ゅ」, 「ょ」가 붙은 음 : 요음

4. 가타카나 단어의 음 : 외래어음

발음을 연습하는 방법은 원칙적으로 다음 순서로 합니다.
1. ア행, カ행, サ행 순으로 발음한다.
2. ア단, イ단, ウ단 순으로 발음한다.
3. 「あえいうえおあお」「かけきくけこかこ」「させしすせそさそ」 순으로 발음한다.

일본어의 「う」 발음은 입술을 둥글게 하지 않는 비원순음인데, 한국어의 '우'처럼 입술을 둥글게 하여 발음하는 학습자가 있습니다. 이와 같이 발음하면 ウ단의 발음이 부자연스러워집니다.

또한 「う」는 '으' 발음과도 다릅니다. '으'처럼 입술을 옆으로 당기는 것이 아니라 입술에 힘을 빼고, '우'와 '오'의 중간 모양을 하고 편안하게 발음하면 됩니다. 「う」의 입 모양에 주의해서 「う、う、うくすつぬふむゆる」라고 발음합니다.

1. 기본음

あめ	いえ	うた	えき	おちゃ
かさ	きた	くつ	けさ	こえ
さき	した	すき	せき	そと
たまご	ちず	つくえ	てんき	とけい
なつ	にく	ぬる	ねつ	のど
はし	ひま	ふゆ	へた	ほし
まち	みず	むし	めがね	もの
やま		ゆき		よる
らいねん	りよう	るす	れきし	ろく
わたし				ほんをよむ
ほん				

2. 탁음과 반탁음

がいこく	ぎんこう	ぐあい	げんき	ごご
ざっし	じゆう	ずっと	ぜんぶ	ぞう
だいがく	はなぢ	べんきょうづくえ	でんき	どうぐ
ばあい	ビル	ぶんか	べんり	ぼうし
パン	ピン	プール	ペン	ポケット

「午後ごご」를 ガ행 비탁음(鼻濁音)인 「ゴゴ」로 발음하는 경우가 있는데, 최근에는 「ゴゴ」가 많이 사용되고 있습니다. ガ행 비탁음(鼻濁音) 사용 실태를 보면, 지역차나 연령차가 있지만, 단어의 의미구별과는 관계가 없습니다. ガ행 비탁음(鼻濁音)은 보통, 조사의 「が」나 어중(語中)에서 일어나고, 어두(語頭)에서는

일어나지 않는다고 하는데, 수사(예：十五、二十五)나 결합력이 낮은 복합어(예：日本銀行、小学校)에서는 일어나지 않습니다. 또, 외래어, 의성어, 의태어도 마찬가지입니다. 그러나, 수사가 들어간 복합어(예：七五三、十五夜)에서는 일어나는 등, 이 현상은 꽤 복잡합니다.

ガ행을 모두 비탁음으로 발음하면 아주 부자연스럽게 들립니다. 이런 경우에는 위와 같이, 적절하게 구분하여 사용하도록 합니다.

그러나 일본인 중에는 ガ행 비탁음(鼻濁音)을 사용하는 사람이 있고, TV나 라디오 등에서도 들을 기회가 있으므로 듣기에 있어서는 ガ행 비탁음(鼻濁音)에 익숙해질 필요가 있겠지요. 그래서 본 교재의 듣기 CD에서는 「日本語」「退学」「大学」 등의 예로 ガ행 비탁음(鼻濁音)을 사용하고 있습니다.

3. 요음

きゃく	きゅう	きょう
しゃかい	しゅくだい	しょうゆ
ちゃいろ	ちゅうい	ちょっと
こんにゃく	にゅういん	にょうぼう
ひゃく	ヒューマン	ひょうじょう
みゃく	ミュージック	みょうじ
りゃくしき	りゅうこう	りょこう

ぎゃく	ぎゅうにく	ぎょぎょう
じゃま	じゅぎょう	じょうず
びゃくや	ビュー	びょういん
ろっぴゃく	コンピュータ	はっぴょう

4. 가타카나 단어의 음

クァルテット	クィック		クェスチョン	クォーツ
			シェークスピア	
	スィング			
			チェス	
モーツァルト	エリツィン		フィレンツェ	カンツォーネ
	ティッシュ	テューリンゲン		
		トゥールーズ		
			ミュンヒェン	
ファン			フェンシング	フォーク
	フィーリング	フューチャー		
			イェール	
	ウィスキー		スウェーデン	ウォークマン

グァテマラ				
			ジェット	
	ディズニーランド	デュエット		
		ヒンドゥー		
ヴァイオリン		ライヴ	ヴェール	ヴォーグ
	ヴィーナス	インタヴュー		

「クェスチョン」,「ウィスキー」 등은 될 수 있는 한 원음에 가까운 발음을 표기하고자 할 때 쓰이는 가나(仮名)입니다. 「クエスチョン」, 「ウイスキー」로 표기해도 상관없습니다. (「외래어 표기」 내각(内閣) 고시 제2호(平成 3年 6月 28日)).

「ディクテーション」처럼 일본어 교육 현장에서 자주 사용되는 단어에도 「ディ」발음이 사용되고 있어서 가타카나 단어의 음을 연습할 필요가 있습니다.

외래어음은 반드시 표기한 대로 발음되는 것은 아닙니다. 예를 들면, 「ヴィーナス」라고 적혀 있는 것을 보고 「ビーナス」라고 발음하는 사람도 있습니다. 원어의 철자에 관한 지식의 유무도 발음에 영향을 줍니다. 본 교재에서는 최근 많이 사용되고 있는 「ヴ」에 대해서도 소개하고 있습니다.

3 声に出して練習しよう 소리 내어 연습해 봅시다

• 청탁(清濁)・요음(拗音)・장음(長音)・촉음(促音)・발음(撥音)의 최소대어(最少対語)(minimal pair：같은 위치에서 한 가지 소리만 다른 한 쌍의 낱말)를 사용한 발음 연습입니다. 한국인이 청탁음을 구별하는 것은 어려운 일이라고 알려져 있습니다. 최소대어에 의한 청탁음 발음 연습에서는 의미의 차이를 인식하는 것을 통해 구별할 수 있도록 하였습니다. 또 〔千円/千年〕, 〔禁煙/近年〕의 발음을 구별하지 못하는 학습자가 많아서, 「せんえん」이 「せんねん/せねん」을, 「きんえん」을 「きんねん/きねん」으로 발음하기도 합니다. 연습 방법은 〈제12과〉를 참조하주세요.

4 考えてみよう 생각해 봅시다

1. 45개(「ん」을 포함시키면 46개가 됩니다).

2. 〔゛〕이 붙는 것은 カ, サ, タ, ハ행으로 20개입니다. (요음의 9개를 포함하면 29개가 됩니다.) 〔゜〕는 ハ행에만 붙기 때문에 5개입니다. (요음의 3개를 더하면 8개가 됩니다.)

3. 작은 〔ゃ〕, 〔ゅ〕, 〔ょ〕가 붙는 음은 「き, し, ち, に, ひ, み, り」 등 イ단의 음으로, 청음 7개, 탁음 3개, 반탁음 1개로 모두 11개입니다.

4. 외래어음은 35개의 예를 들고 있습니다. 여기에서는 「외래어 표기」 내각(内閣) 고시 제2호(平成 3年 6月 28日) 제1표 및 제2표를 참조로 했는데 외래어의 표기는 일정하지가 않고, 같은 표기를 보고 발음하더라도 개인차가 나는 경우도 있습니다.

> **コラム** 칼럼
>
> 「じ・ぢ」,「ず・づ」는 「四つ仮名」라고 불립니다. 「じ・ぢ」,「ず・づ」는 발음을 구별하는 방언도 있지만 동경어에서는 각각 발음이 같습니다. 여기에서 서술한 것처럼 복합어 형성 과정에서, '연탁(連濁)현상' 이 일어나는데, 「ち」「つ」가 탁음화되면 「ぢ」「づ」로 표기합니다. 단, 「世界中」「1日中」는 「ぢ」가 아니라 「じ」로 씁니다.
>
> 연탁현상으로 듣는 사람에게 한 단어라는 것을 보다 알기 쉽게 전할 수 있습니다. 「べんきょうつくえ」처럼 연탁현상이 일어나지 않은 학습자의 발음은 알아듣기 어렵습니다.
>
> 단, 「デジタルカメラ」처럼 외래어에는 연탁현상이 일어나지 않습니다.
>
> 또, 「縮ちぢむ・つづる・続つづく」등의 단어는 같은 음을 되풀이할 때 「ぢ」「づ」가 사용됩니다.

応用練習 응용연습 1

특수 박(장음・촉음・발음)은 가나(仮名)로는 똑같이 한 글자로 표기하는데, 발음은 주변 환경에 따라 다양하게 나타납니다. 이것을 각각 음소(音素)의 '이음(異音)' 이라고 합니다.

1. 장음(長音)

❶ 映画えいが　　　　❷ 先生さんさい

❸ 東京とうきょう　　❹ 弟おとうと

エ단, オ단의 장음은 표기상으로는 「い,う」를 사용하지만 발음은 모음을 길게 늘이는 것이 자연스럽습니다. 표기대로 映画[えいが], 先生[せんせい], 東京[とうきょう], 弟[おとうと]라고 발음하지 않고 앞의 모음을 길게 발음합니다.

장음을 시각적으로 나타내고, 적절한 길이로 발음하기 위해 그림처럼 양손을 폅니다.

2. 촉음(促音)

❶ 切符きっぷ　　　　❷ 切手きって

❸ 1階いっかい　　　❹ 雑誌ざっし

❶~❹ 중에서 음성적 성질이 다른 것이 ❹의 「雑誌」입니다. ❶~❸은 후속자음으로 인해 촉음 부분은 무음폐쇄구간이 되지만 「雑誌」의 촉음 부분은 마찰음이 연속됩니다. 「雑誌」、「喫茶店」과 같은 단어의 촉음 부분에서 숨을 멈추지 않도록 합시다.

원칙적으로 일본어의 촉음화는 무성자음 앞에서만 일어나고 유성자음 앞에서는 나타나지 않습니다. (예외적으로 「すっばらしい」와 같이 특별한 표현 의도로 강조할 때 촉음화할 수도 있습니다. (→제11과 [응용연습2]의 문제 1・2를 참조하세요.)

그러나 외래어에서는 [b], [d], [g]처럼 유성음이 사용되는 경우가 있습니다 (예 : ベッド, バッグ). 단, 이 단어들에서는 ベット, バック처럼 어말(語末)이 무성음화되는 경우도 자주 있습니다.

촉음을 시각적으로 나타내고, 1박의 길이를 지속시키기 위해 손의 긴장과 연동시킵니다. 그림처럼 한 손을 오므리고, 곧바로 펴는 동작을 합니다. 손을 오므릴 때 조금 몸쪽으로 당기고, 손을 펼 때는 앞으로 내밀도록 합니다.

3. 발음(撥音) : ん

❶ こんにちは　　　　❷ こんばんは

❸ 日本語にほんご　　❹ 本ほんを読よみます

발음(撥音)은 뒤에 이어지는 자음에 동화하여 다양한 음으로 발음됩니다. ❶ 은 「に」앞에서 [ɲ], ❷ 는 「ば」앞에서 [m], ❸ 은 「ご」앞에서 [ŋ]이 됩니다. ❹ 는 어말(語末)에서 조사 「を」앞이므로 구개수음 [N]이나 비음화 모음이 됩니다. 「本」,「パン」등, 어말(語末)의 「ん」발음은 로마자의 [n]처럼 발음하면 조사 「を」가 뒤에 왔을 때 다음과 같이 발음됩니다.

「ホノヨミマス」「パノタベマス」

이와 같은 발음보다 오히려 코막힌 소리(비음화 한 장음)를 떠올리면서 「ホーㅋヨミマス」「パーㅋタベマス」처럼 발음하는 쪽이 자연스럽게 들립니다. 「原因げんいん」,「単位たんい」와 같이, 모음 앞의 발음(撥音)을 [n]으로 발음하면 「下人げにん」「谷たに」처럼 들립니다. 이것도 ❹와 같은 이유로 인해 생기는 문제입니다.

학습자의 잘못된 발음은 위와 같이 조음점의 문제가 연관되어 있는 경우가 많습니다. 또한, 특수박 중 촉음과 장음은 각각의 지속시간이 너무 짧다는 지적이 많습니다. 조음점 이외에도 발음(撥音)・촉음・장음은 악센트와도 관련되어 있습니다.(악센트에 대해서는 제5과부터 제7과를 참고하세요.)

応用練習 응용연습 2

외래어음의 발음과 표기에 대해 연습합니다. 최근 자주 사용되고 있는 「ヴ」에 대해서도 연습합니다.

예　ヴィーナス, ヴァイオリン, ヴェニス

❶ ファミリー　패밀리, 가족

❷ アフタヌーンティー　오후의 차(다과회)

❸ ウィスキー　위스키

❹ フィーリング　느낌

❺ フォーク　포크

❻ ウォークマン　워크맨

❼ ディズニーランド　디즈니랜드

❽ デュエット　듀엣

❾ ヴィーナス 비너스
❿ シェイク   셰이크

「ウォークマン」을 「ワークマン」이라고 쓰는 학습자가 많은데, 이것은 「Walkman」이라는 영어의 철자를 로마자 표기로 적당히 쓴 것이라고 생각됩니다. 「デュエット」와「ダイエット」,「ビーナス」와「ピーナツ」의 발음을 혼동하기 쉽습니다. 「ビ」・「ピ」는 유성음과 무성음으로 청・탁음의 구별이 어렵습니다. 「ス」・「ツ」의 혼동도 자주 나타나는 문제입니다. 이들 예처럼 모국어의 영향을 받은 음성상의 문제로 인해 어휘를 부정확하게 기억하는 경우가 있으므로 주의가 필요합니다.

応用練習 응용연습 3

1. 요음(拗音)은 1박이기 때문에 단어가 요음(拗音)으로 끝나면 그 요음(拗音)으로 시작하는 단어로 끝말잇기를 해야 합니다. 또, 장음은 앞의 모음을 길게 늘이는 발음을 말하는데, 끝말잇기 놀이에서는 표기에 따라 「とけい → いえ」로 이어서 말합니다. 「とけえ → えいが」처럼 해서는 안됩니다.

2. 끝말잇기 놀이는 「ん」으로 끝나는 말을 한 사람이 지게 됩니다. 일본어에는 「ん」으로 시작하는 말이어서 다음 사람이 끝말잇기를 지속시킬 수가 없기 때문입니다..

タスク 과제

〔발음해 봅시다〕를 보고 자신의 발음을 녹음해서 들어봅니다. 시간적인 여유가 있을 경우〔소리 내어 연습해 봅시다〕〔응용연습1・2〕도 녹음하면 좋겠지요.

학 습 포 인 트

일본어의 기본음을 '오십음'이라고 하는데, 모든 음을 합치면 130개 이상이 됩니다. 음과 표기가 서로 바르게 연결되지 않으면 듣기나 문장 표현 등을 제대로 할 수 없습니다. 컴퓨터 자판 등에 입력을 할 경우에도, 한자를 바르게 변환할 수 없어서 곤란해집니다. 또 외래어음과 그 표기는 가타카나의 사용빈도가 낮기 때문에 익숙해지기까지 의외로 시간이 걸립니다.

자신의 일이나 신변에 대해서 이야기할 때 한국어를 일본어화해서 발음해야 합니다. 우선 자신의 이름을 어떻게 발음할 것인가가 그 일례입니다. 한국어 발음 그대로 발음하면 일본인은 알아듣기 어렵겠지요.

일본어에서 음성과 표기는 서로 밀접한 관계가 있습니다. 학습 초기 단계부터 음과 표기가 일치하도록 연습하길 바랍니다.

한국어의 받침으로 끝나는 단어를 어떻게 표기할 것인가, 연음화하는 부분을 가타카나로 어떻게 표기할 것인가 등에 대해서도 생각해 봅시다.

㉠ 받침으로 끝나는 단어 : [u]음을 넣는다.
　서울 → ソウル
　종각 → チョンガク

㉠ 연음화하는 단어
　민아 → ミナ(「ミンア」라고 쓰는 경우도 있음.)
　일본에서도 인기있었던〈엽기적인 그녀〉에 나오는 남자 주인공 '견우'는 자막에서 「キョヌ」로 나옵니다.

제2과 | 일본어의 리듬

목적
· 일본어 리듬에 대해 배우고, 보다 알아듣기 쉬운 발음을 할 수 있도록 한다.
· 국명・지명을 정확한 리듬으로 발음할 수 있도록 한다.
· 일본어 리듬의 특징을 전화번호나 요일 등 주변의 예를 들어 이해한다.

1 聞いてみよう 들어 봅시다

❶ バンコク   방콕   ❷ シャンハイ   상하이
❸ ニューヨーク 뉴욕   ❹ フィリピン   필리핀
❺ マレーシア 말레이시아 ❻ スウェーデン スウェーデン 스웨덴
❼ オーストリア 오스트리아 ❽ オーストラリア 오스트레일리아

· CD를 듣고, 국명・지명을 알아들을 수 있는지를 체크합니다.

· 특수박을 포함하는 국명・지명 듣기를 연습합니다.
　예 ニューヨーク, スウェーデン

· 틀리기 쉬운 국명・지명의 듣기 연습을 합니다.
　예 オーストリア, オーストラリア

2 発音してみよう 발음해 봅시다

국명·지명을 일본어로 발음합니다.
원어의 발음과는 다르다는 것에 주의합니다.

예) India　　　　インド（○）　　　　インディア（×）
　　Argentina　　アルゼンチン（○）　アルジェンティーナ（×）

〔소리 내어 연습해 봅시다〕에 가타카나로 표기한 국명·지명이 예시되어 있습니다.

3 声に出して練習しよう 소리 내어 연습해 봅시다

- ■는 1박, ■■는 2박을 나타냅니다. 다음의 예와 같이 리듬에 맞게 발음합시다.

タン・タン	タ・タン・タン
2박・2박	1박・2박・2박
シャン・ハイ	マ・レー・シア
バン・コク	ス・ウェー・デン
フィリ・ピン	プ・ノン・ペン

위와 같이 리듬에 맞춰 발음하면 평상시 어렵게 느껴지는 「おばさん・おばあさん、おじさん・おじいさん、びょういん・びよういん」 등의 발음을 간단히 구별할 수 있습니다.

- 손뼉 치기나 타악기를 사용해서 리듬을 맞추면 보다 즐겁게 연습할 수 있습니다.
- 우선 특수박을 포함하는 2박을 하나로 묶습니다. 그 다음에 앞에서 두 박자씩 묶어 갑니다「■■」. 한 박 밖에 없는 경우는 「■」이 됩니다. 둘다 손뼉 치기 1회분에 해당합니다.
- 박의 수가 많아짐에 따라 생각할 수 있는 리듬 그룹의 수도 많아집니다. 이 과에서 제시한 것 외에도 생각해 볼 수 있지만, 여기에서는 7박 이외는 그룹 1과 2로 정리해서 제시했습니다.

コラム 칼럼

예전에는 1박씩 끊어서 발음하는 연습법을 선호했지만, 실제의 발음과는 상당히 차이가 있다는 것이 음성 연구 결과에서 밝혀졌습니다. CD를 실제로 들어 보세요.

タン・タン・タ	タ・タ・タ・タ・タ
「こん・ばん・は」	「こ・ん・ば・ん・は」
2박자・2박자・1박자	1박・1박・1박・1박・1박

「こ・ん・ば・ん・は」(손뼉 치기 5회)보다「こん・ばん・は」(손뼉 치기 3회) 쪽이 자연스럽게 들립니다. 1박 1박을 극단적으로 너무 정확하게 발음하면 평상시 인사와는 동떨어진 부자연스러운 발음으로 들립니다.

이러한 이유로 이 과에서는 굳이 아래처럼 각 박의 등시성(等時性)을 강조하지 않습니다.

タ・タ・タ・タ	タ・タ・タ・タ・タ
シャン・ハ・イ	マ・レー・シ・ア
1박・1박・1박・1박	1박・1박・1박・1박・1박

4 考えてみよう 생각해 봅시다

1. 장음을 포함하는 말

ローマ(로마), ペルー(페루), ネパール(네팔), ニューヨーク(뉴욕), マレーシア(말레이시아), スウェーデン(스웨덴), オーストリア(오스트리아), シンガポール(싱가포르), オーストラリア(오스트레일리아), ニュージーランド(뉴질랜드)

2. 발음(撥音)「ん」을 포함하는 말

インド(인도), ペキン(북경), プサン(부산), シャンハイ(상하이), バンコク(방콕), フィリピン(필리핀), フランス(프랑스), オランダ(네덜란드), スリランカ(스리랑카), フィンランド(핀란드), スウェーデン(스웨덴), プノンペン(프놈펜), アルゼンチン(아르헨티나), バングラデシュ(방글라데시), アイルランド(아일랜드), アイスランド(아이슬란드), シンガポール(싱가포르), ニュージーランド(뉴질랜드), ルクセンブルグ(룩셈부르크)

3. ニューヨーク보다 ニュージーランド, オーストリア보다 オーストラリア가 단어의 길이가 깁니다. 원칙적으로 박의 수가 늘어날수록 단어 전체의 길이가 길어진다는 것을 생각하면서 발음하도록 합니다. 그리고 オーストリア와 オーストラリア에서는 악센트 핵의 위치가 다릅니다. (악센트에 대해서는 제5과, 제6과, 제7과에서 연습합니다.) オーストリア는「ト」에, オーストラリア에서는「ラ」에 악센트 핵이 있습니다.

オ	ー	ス	ト	リ	ア	
オ	ー	ス	ト	ラ	リ	ア

応用練習 응용연습 1

전화번호의 리듬은 1박의 숫자(「2」와「5」)를 2박으로 늘려서 발음합니다. 원래「2」와「5」는 1박자이지만 전화번호에서는 다른 숫자에 맞춰 2박의 리듬으로 발음합니다.

❶ 090-5232-0654
　　ゼロきゅうゼロの　ごうにいさんにいの　ゼロろくごうよん

❷ 0298-53-7475
　　ゼロにいきゅうはちの　ごうさんの　ななよんななごう

❸ 045-255-9223
　　ゼロよんごうの　にいごうごうの　きゅうにいにいさん

만일, 「ゼロよんごの にごごの くににさん」이라고 발음하면 리듬이 깨져서 듣는 사람이 알아듣기 어려워집니다.

다음의 표를 통해 1박의 숫자가 다른 숫자에 맞춰 2박의 리듬으로 발음된다는 것을 알 수 있습니다.

ゼ	ロ		ろ	く
い	ち		な	な
に			は	ち
さ	ん		きゅ	う
よ	ん		じゅ	う
ご				

심화된 응용연습으로, 수업을 같이 듣는 사람들의 연락처를 작성해 봅시다. 또한, 집 전화번호나 휴대전화의 번호를 발음해 보고, 자신의 발음이 정확했는지를 체크합니다. 회사나 대학 도서관 등의 팸플릿을 이용해 연락처의 전화번호를 발음하거나 들어보는 활동도 할 수 있습니다.

특별한 번호를 읽을 경우에는 주의가 필요합니다. 예를 들면, 영어에서는 「0 0」을 「더블 오」라고 발음하지만 일본어에서는 그렇게 발음하지 않습니다. 제임스 본드가 활약하는 유명한 영화 「007」은 일본어로는 「ゼロゼロセブン」이라고 하고, 영어로는 「더블 오 세븐」이라고 발음합니다.

또 일본인 중에서는 「0」를 「まる」(예 : 「103」을 「いちまるさん」)라고 발음하는 사람도 있습니다.

応用練習 응용연습 2

요일의 리듬을 연습합니다. 숫자와 같이 1박의 요일(火와 土)을 2박으로 늘려서 발음합니다. 원래 화요일(かようび)이나 토요일(どようび)은 「か」, 「ど」라고 1박으로 발음되는데, 다음의 표현에서는 2박의 리듬이 됩니다.

❶ 月・火・水 (げつ・かあ・すい)
❷ 水・金・土 (すい・きん・どう)
❸ 火・水・土 (かあ・すい・どう)

만일 ❸을 「かすいど」라고 말하면 리듬이 깨져서, 요일로는 들리지 않게 됩니다.

1박의 요일이 다른 요일에 맞춰 2박의 리듬으로 발음되는 것을 다음 표로 확인해 봅시다.

に	ち		も	く
げ	つ		き	ん
か			ど	
す	い			

그리고 月을 「火」, 「水」 앞에서는 「げっ」이라고 발음하는 경우도 있습니다 (예 : げっ・すい・きん). 촉음화(제4과 참고) 현상은 「火」, 「水」같은 무성음 앞에서 일어나고, 「木」「土」같은 유성음 앞에서는 일어나지 않습니다 (げっ・もく・どう라고 하지 않는다.) 외래어에서는 「ドッグ」, 「バッグ」처럼 유성음 앞에 촉음이 오지만, 순수한 일본어에서는 유성음 앞에는 촉음이 오지 않습니다.

원칙적으로 원래의 발음은 「げつ」이지만, 「げっ・すい・きん」, 「げっ・かあ・もく」처럼 음이 바뀌는 경우가 있습니다. 또, 「土日」은 「どうにち」, 「どにち」 둘 다 쓰입니다.

이에 따른 활동으로, 일본어 수업이 있는 요일이나 아르바이트가 있는 요일을 표기한 달력을 보면서 대화를 하거나, 모두 함께 식사하기 괜찮은 날을 정한다는 가정 하에 모두가 괜찮은 요일을 물어보는 것 등을 할 수 있습니다.

タスク 과제

지도에서 고른 국명・지명의 리듬을 연습합니다. 자신의 출신지나 여행한 장소 등에 대해 이야기할 때 상대방이 알아듣기 쉬운 발음으로 이야기할 수 있도록 합니다.

학습포인트

여기에서는 국명・지명, 전화번호・요일을 사용해서 알아듣기 쉬운 리듬으로 발음을 연습합니다. 학습자가 한 덩어리로 생각하는 단위는 박(拍)을 중심으로 하는 일본어의 단위와는 다른 경우가 많기 때문에 리듬이 깨져서 알아듣기 어렵게 됩니다.

일본어에서는 박(拍)이라는 단위가 리듬의 구성에 중요한 역할을 하고 있습니다. 이제까지 1박씩 손뼉 치기를 해서 발음하는 등, 박자의 등시성이 강조되어 왔으나, 2박을 한 덩어리로 발음하는 편이 보다 자연스러운 발음이 됩니다.

제3과 │ 하이쿠·센류의 리듬

목적
- 하이쿠나 센류의 음성 특징에 대해서 배운다.
- 박 수를 세는 연습을 하고, 박 감각을 키운다.
- 센류를 만들어 일본어로 마음을 표현해 본다.

1 聞いてみよう 들어 봅시다

① 制服 (4) ② 新学期 (5)
③ 連休 (4) ④ お正月 (5)
⑤ 除夜 (2) ⑥ 真っ黒 (4)
⑦ バレンタイン (6) ⑧ チョコレート (5)

- CD를 듣고, 몇 박의 단어인지 알아 봅시다. 2박 단어에서 6박 단어까지 있습니다.
- 新学期, お正月, 連休 등 특수박을 포함하는 단어에 주의합시다. 「しんがき」「おしょがつ」「れんきゅ」등 촉음이나 장음을 발음하지 않거나, 除夜를 「じょうや」라고 장음을 넣어서 발음하지 않도록 합시다.

2 発音してみよう 발음해 봅시다

이 과에서는 마쓰오 바쇼(松尾芭蕉 : 1644~1694)의 유명한 하이쿠를 소개합니다. 하이쿠나 센류에는 독특한 리듬이 있는데, 직음(直音)으로 구성되어 있고, 박의 수를 세기 쉬운 하이쿠부터 시작합니다.

3 声に出して練習しよう 소리 내어 연습해 봅시다

〔발음해 봅시다〕에서 연습한 하이쿠에 쓰인 단어를 나눠 발음합니다.

문제 1.은 5박, 문제 2.는 7박입니다. 문제 2.그룹이 문제 1.그룹보다 발음하는 시간이 깁니다. 원칙적으로 말하는 속도를 똑같이 해서 발음하면 박 수가 적은 말보다 박 수가 많은 쪽이 발음하는 시간이 오래 걸립니다.

4 考えてみよう 생각해 봅시다

1. 〔소리 내어 연습해 봅시다〕의 문제 1.의 단어는 모두 5박, 문제 2.의 단어는 7박입니다.
2. 밑줄 친 부분에 들어가는 것은 5박·7박·5박입니다. 히라가나로 써 보면, 5·7·5라는 것을 잘 알 수 있습니다.

コラム 칼럼

하이쿠·센류는 5·7·5의 음절로 이루어져 있기 때문에 홀수 리듬이라고 생각하기 쉽지만, 실은 4박에 꼭 들어맞는 짝수 리듬입니다. O로 표시한 부분이 1박의 쉼표라고 생각하면 모두 8박이 됩니다. 제2과에서 연습한 것처럼 2박자를 하나의 리듬으로 발음하면 각각 4박이 된다는 것을 알 수 있습니다.

● ふるいけやOOO	かわずとびこむO	みずのおとOOO
	Oかわずとびこむ	
	かわずOとびこむ	
● しずかさやOOO	いわにしみいるO	せみのこえOOO
	Oいわにしみいる	
	いわにOしみいる	
8	8	8

応用練習 응용연습 1

박 수를 세는 것은 센류의 단락을 확인하는 연습이 됩니다. 박수를 세는 모라 카운팅(mora counting) 연습은 일본어의 박 감각을 익히는 데 도움이 됩니다. 여기에서는 특수박을 포함하는 낱말을 사용했기 때문에 〔발음해 봅시다〕처럼 직음(直音)만으로 구성된 센류보다 모라 카운팅하기는 어려울 것입니다.

① 新あたらしい / 制服姿せいふくすがた / 似合にあうかな
   새 교복 입은 모습, 잘 어울릴까?
② 連休れんきゅうだ / どこへ行いっても / 人ひとの波なみ
   연휴다. 어딜 가나 사람의 물결
③ 梅雨つゆが来きた / なぜだかうちに / 傘かさ増ふえる
   장마가 왔네 왠지 집에 우산이 늘어가네
④ 真まっ黒くろに / 焼やけた素肌すはだに / 海うみの風かぜ
   새까맣게 그을린 맨 살갗에 바닷바람이 스치네.
⑤ 新学期しんがっき / マスターするぞ / 日本語にほんごを
   새학기 정복하자 일본어를
⑥ 果物くだものや / 芋いも栗くりかぼちゃ / 秋あきの顔かお
   과일이랑 고구마, 밤, 호박은 가을의 얼굴
⑦ 山々やまやまが / 赤あかや黄色きいろの / 服ふく着きてる
   산들이 빨갛고 노란 옷을 입었네

応用練習 응용연습 2

일본의 연중행사를 주제로, 「はつもうで」「おおみそか」등 5박의 단어를 생각해 봅시다. 여기에서는 선택 문항에 특수박을 포함하는 단어도 있습니다. 「はつもで」「おみそか」처럼 장음이 탈락하면 5박이 안되므로 주의가 필요합니다. 이처럼 특수박을 잘

못 들어서 단어를 정확하게 기억할 수 없습니다.

❶ 1. 七夕 칠석
　2. 離祭ひなまつり 3월 3일의 축제
　3. 結婚式けっこんしき 결혼식
❷ 1. 夏休なつやすみ 여름 방학
　2. 旅行りょこう 여행
　3. キャンプ 캠프
❸ 1. 元旦がんたん 설날
　2. 大晦日おおみそか 섣달 그믐날
　3. 年末年始ねんまつねんし 연말연시

タスク 과제

1. 주요 단어를 이용하여 센류를 만들어 봅니다. 사전을 이용하거나, 친구와 상의하며 표현하고 싶은 내용을 즐겁게 만들어 봅니다. 최근에는 전자사전을 가지고 있는 학습자도 많아졌는데 발음을 부정확하게 기억하고 있으면 한자변환을 할 수 없습니다.

이러한 과정을 통해 박 수를 세고, 박 감각을 익히는 연습이 가능합니다. 특수박을 포함하는 말은 박 수를 셀 때 틀리기 쉽습니다.

예 日本語にほんごは漢字かんじがとても難むずかしい
　　일본어는 한자가 정말 어려워.
　　人生じんせいは自分じぶんの道みちで幸しあわせを
　　인생은 자신의 길에서 행복을.

학습포인트

초급 학습자 중에도 하이쿠(俳句)라는 말을 들어 본 적이 있는 학습자가 있을 만큼, 하이쿠는 일본 밖에서도 잘 알려져 있습니다. 이 과에서는 같은 5·7·5 음절로 된 하이쿠보다 자유롭게 만들 수 있는 센류(川柳)를 한 구절 읊는 것을 목표로, 자신이 사용하고 싶은 단어가 몇 박인지를 의식하면서 박을 세는 연습을 합니다.

특수 박을 포함하는 단어의 듣기나 발음은 일본어 수준이 높은 학습자라도 부정확한 경우가 많이 있습니다. 이러한 경우, 발음이 부자연스러울 뿐만 아니라, 컴퓨터 자판 등 입력하려고 할 때 한자를 잘 변환할 수 없습니다.

또, 한자권의 학습자의 경우, 정확한 한자를 사용하더라도, 발음이 부정확한 경우가 있습니다. 한자를 사용하기 시작하면 단어를 히라가나로 적는 일은 적어집니다. 하지만, 가나 표기를 계속 사용하고, 박을 세어 가면서 장음이나 촉음의 발음 연습을 하면 특수박을 습득하는 데 도움이 됩니다.

언어에는 그 언어를 모국어로 사용하는 화자(話者)가 한 단위로 인식하는 단위가 있습니다. 일본어의 경우 그 단위는 특수박도 1박을 형성하는데, 다른 언어를 모국어로 하는 화자는 그것을 한 단위로 여기지 않는 경우가 많습니다. 예를 들면, 영어에서는 3음절의 「val-en-tine」이 일본어에서는 6박의 「バレンタイン」이 되고, 한국어에서는 4음절의 「발렌타인」이 됩니다.

제4과 | 회화체의 발음

목적
- 회화체에서의 발음의 변화를 학습한다.
- 발음의 변화에 대한 지식을 습득하고 회화체의 듣기능력을 갖춘다.
- 자연스러운 문맥 속에서 회화체의 발음을 할 수 있도록 한다.

1 聞いてみよう 들어 봅시다

❶ 飲まなきゃ　→　飲まなければ
❷ 買っとく　→　買っておく
❸ 知ってる　→　知っている
❹ 持ってて　→　持っていて
❺ 持ってって　→　持っていって
❻ 分かんない　→　分からない
❼ 食べちゃおう　→　食べてしまおう
❽ 買ったげる　→　買ってあげる

· 우선 CD를 듣고 받아쓰기를 합니다. 밑줄 친 부분에 「飲まなきゃ」「買っとく」 등의 해답을 쓰고, 받아쓰기가 모두 끝난 후에 「飲まなければ(ならない)」「買っておく」와 같이 원래의 형태를 씁니다.

- 「食べてしまう → 食べちゃう」처럼 단독으로 음변화를 하는 것은 알고 있더라도 「食べてしまおう → 食べちゃおう」처럼 의지형과 복합적으로 사용된 경우, 듣기의 난이도가 높아집니다. 실제로 일본어의 회화표현을 접하면 이처럼 복합적인 예도 청해력을 갖추기 위해서는 복합적인 음변화에 대한 듣기 연습이 필요합니다.

- 〔들어 봅시다〕에서는 「持っていて → 持ってて」「持っていって → 持ってって」가 나오는데, 이 구별을 어려워하는 학습자가 많습니다. 의미의 차이에 대해서는 〔칼럼〕을 참조하세요. 촉음은 발음하기도 듣기도 어려우니 주의하도록 합니다.

2 発音してみよう 발음해 봅시다

여기에서는 「食べる」와 「飲む」 동사를 사용하여 음변화에 대해 공부합니다. 「食べちゃう」라는 표기의 영향으로 「飲んぢゃう」라고 잘못 쓰는 경우도 많은데, 「飲んじゃう」라는 것에 각별히 주의합니다.

❶ 食べなきゃ   →   食べなければ
　 飲まなきゃ   →   飲まなければ
❷ 食べなくちゃ →   食べなくては
　 飲まなくちゃ →   飲まなくては
❸ 食べちゃおう →   食べてしまおう
　 飲んじゃおう →   飲んでしまおう
❹ 食べてる   →   食べている
　 飲んでる   →   飲んでいる
❺ 食べとく   →   食べておく
　 飲んどく   →   飲んでおく
❻ 食べてて   →   食べていて
　 飲んでて   →   飲んでいて
❼ 食べてって   →   食べていって
　 飲んでって   →   飲んでいって
❽ 食べたげる   →   食べてあげる
　 飲んだげる   →   飲んであげる

3 声に出して練習しよう 소리 내어 연습해 봅시다

〔발음해 봅시다〕에서 연습한 「食べる」「飲む」 이외의 동사, い형용사, な형용사도 문장으로 발음 연습을 합니다. 여기에서는 음이 변한 형태와 원래의 형태뿐만 아니라 의미와의 연결도 중요합니다.

해답은 다음과 같습니다.

(V:동사, P:보통체)

❶ 授業じゅぎょう、休やすんじゃおう。(Vじゃおう)
　 수업, 빼 먹자.
　 → 休やすんでしまおう

❷ 安やすかったから、買かっちゃった。(Vちゃった)
　 싸서 사버렸어.
　 → 買かってしまった

❸ 早はやく起おきなきゃならない。(Vなきゃならない)
　 빨리 일어나야 돼.
　 → 起おきなければならない

❹ こんなに暑あつくちゃ (い형용사 ちゃ)、仕事しごとができない。이렇게 더워서는 일을 할 수가 없어.
　 → 暑あつくては

❺ こんなに静しずかじゃ (な형용사 じゃ)、ちょっと怖こわいね。이렇게 조용하니까 좀 무섭네요.
　 → 静しずかでは

❻ 授業じゅぎょうは楽たのしくなきゃ (い형용사 なきゃ) 嫌いやだよ。수업은 즐겁지 않으면 싫어.
　 → 楽たのしくなければ

❼ そんなこと、分わかってる (Vてる)。그런 거 알고 있어.
　 → 分わかっている

❽ さっきから、聞きいてた (Vてた)よ。아까부터 듣고 있었어.
　 → 聞きいていたよ

❾ バスが込こんでた (Vてた)ね。버스가 붐볐어.
　 → 込こんでいたね

❿ 映画館えいがかん、すいてたら (Vてたら) いいけど。영화관에 사람이 많이 없으면 좋겠는데.
　 → すいていたら

⓫ このカメラ、持もってて。(Vてて) 이 카메라 가지고 있어.
　 → 持もっていて

⓬ このカメラ、持もってって。(Vてって) 이 카메라 가지고 가.
　 → 持もっていって

⓭ 会社かいしゃまで歩あるいてく。(Vてく) 회사까지 걸어 간다.
　 → 歩あるいていく

⓮ 冷つめたい物ものでも飲のんでく。(Vでく)
　 차가운 거라도 마시고 갈래?
　 → 飲のんでいく

⓯ ここに置おいとく (Vとく)ね。여기에 둘게.
　 → 置おいておく

⓰ 風邪かぜひかないように、薬くすり飲のんどこう (Vどこう)。감기 걸리지 않게 약을 먹어 둬야지.
　 → 飲のんでおこう

⓱ プレゼントを買かったげる (Vたげる)。선물을 사 줄게.
　 → 買かってあげる

⓲ こんなにたくさん食たべらんない (Vらんない)。이렇게 많이 못 먹어.
　 → 食たべられない

⓳ 何なに言いったのか、分わかんなかった (Vんなかった)。무슨 말 하는지 몰랐어.
　 → 分わからなかった

⓴ あの映画えいがが見みたかったんです (Pんです)。저 영화가 보고 싶었어요.
　 → 見みたかったのです

문법 항목의 복습이 필요한 경우는 아래와 같은 표에 써 넣어 봄으로써 음이 변화한 형태와 원래의 형태를 명확하게 알 수 있습니다.

회화체	원래 형태
예1 食べなきゃ	
예2 泳いじゃ	
❶ 休んじゃおう	
❷ 買っちゃった	
❸ 起きなきゃならない	
❹ 暑くちゃ	
❺ 静かじゃ	
❻ 楽しくなきゃ	
❼ 分かってる	
❽ 聞いてた	
❾ 込んでた	
❿ すいてたら	
⓫ 持ってて	
⓬ 持ってって	
⓭ 歩いてく	
⓮ 飲んでく	
⓯ 置いとく	
⓰ 飲んどこう	
⓱ 買ったげる	
⓲ 食べらんない	
⓳ 分かんなかった	
⓴ 見たかったんです	

❻ ~なきゃ	~なければ
❼ ~てる	~ている
❽ ~てた	~ていた
❾ ~でた	~でいた
❿ ~てたら	~ていたら
⓫ ~てて	~ていて
⓬ ~てって	~ていって
⓭ ~てく	~ていく
⓮ ~でく	~でいく
⓯ ~とく	~ておく
⓰ ~どこう	~でおこう
⓱ ~たげる	~てあげる
⓲ ~らんない	~られない
⓳ ~んなかった	~らなかった
⓴ ~んです	~のです

2. 아래와 같이 그룹으로 분류합니다. [응용연습1]에서 더 자세하게 설명하고 있습니다.

❶~❻ → 「きゃ」「ちゃ」「じゃ」　　　그룹1
❼~⓮ → 「~てる・でる」「~てく・でく」　그룹2
⓯~⓱ → 「~とく・どく」「~たげる・だげる」　그룹3
⓲~⓴ → 「~ん」　　　　　　　　　그룹4

코ラム 칼럼

이러한 대화 내용은 전후 문맥 없이 갑자기 나오는 경우도 있습니다. 작은 발음의 차이이지만 의미의 차이를 가져온다는 것을 알 수 있는 좋은 예입니다.

応用練習 응용연습 1

발음 변화의 규칙을 정리합니다.

그룹1 : 「きゃ」「ちゃ」「じゃ」
그룹2 : 「~てる・でる」「~てく・でく」
그룹3 : 「~とく・どく」「~たげる・だげる」
그룹4 : 「ん」(「ら, り, る, れ」와「の」가「ん」이 된다.)

그룹1에는 요음화(拗音化), **그룹4**에는 발음화(撥音化)가 일어났습니다. **그룹2**는「い」의 탈락, **그룹3**은 두 개의 이어지는 모음이 하나로 합쳐져 있습니다. **그룹1~3**은 박 수 자체가 줄어드는 음변화로 축약형이라고 합니다. **그룹4**는 음변화가 있어도 박 수는 변하지 않으므로 엄밀하게는 축약형이라고 할 수 없습니다.

4 考えてみよう 생각해 봅시다

1.

❶ ~じゃおう	~でしまおう
❷ ~ちゃった	~てしまった
❸ ~なきゃならない	~なければならない
❹ ~ちゃ	~ては
❺ ~じゃ	~では

문형이 정착되지 않아서 매끄럽게 발음할 수 없는 경우도 있습니다. 원래의 형태는 알고 있지만, 회화체의 음변화에 익숙하지 않을 경우는 다음과 같은 방법으로 연습하면 효과적입니다. 왼쪽에는 원래의 형태를, 오른쪽에 회화체를 쓴 종이를 준비합니다. 가운데를 접어, 왼쪽만 보고 어떤 발음이 될지 생각해 봅니다.

참고로 예를 들겠습니다. 그림의 ●의 수는 박 수를 나타냅니다.

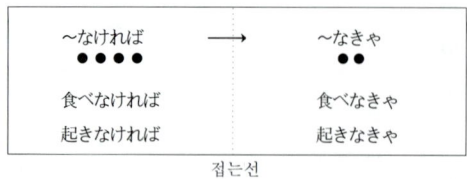

접는 선

応用練習 응용연습 2

1. 무성음화(無声音化)된 모음을 포함한 인명(人名)의 듣기 연습입니다. 무성자음 사이에 있는 [i]와 [u]의 발음은 무성음화합니다. 또 문말(文末)에 「です」「ます」가 있으면 「す」가 무성음화합니다. 「でした」「ました」의 「し」도 무성음화합니다. 「筑築」는 「ち」「く」, 「菊地」는 「き」「く」 양쪽이 무성음화합니다.

단, 예외로서 ① 악센트 핵이 있는 음절, ② 천천히 발음한 경우는 모두 무성음화하지 않는 경향이 있습니다. 무성음화하지 않아도 의사소통에는 아무런 지장이 없습니다.

듣기에서 이러한 지식을 유용하게 쓸 수 있습니다. 예를 들면, 자기소개 장면에서 초면인 상대방의 이름을 잘 못들어서 몇 번 다시 물으면 겸연쩍어지기 쉬운데, 무성음화에 관한 지식이 있으면 알아듣기 쉬워집니다. 「筆記試験ひっきしけん」「知識ちしき」「識別しきべつ」등의 단어도 무성음화 때문에 알아듣기 어려운데, 무성음화에 대해 알고 있으면 도움이 됩니다.

❶ 「SMAP」のくさなぎ剛つよしくん　　　ku sa na gi
❷ 友達ともだちの菊地雅子きくちまさこさん　　ki ku chi

2. 두 개의 모음이 하나가 되는 발음을 연습합니다. 같은 발음이 계속될 때는 나눠서 발음하는 것보다 하나의 장음처럼 발음하는 편이 자연스럽게 들립니다.

❶ 子どもを起こしちゃった。　아이를 깨웠다.
　Kodomo o okoshichatta.
❷ 単語を覚えなきゃなんない。　단어를 외워야 해.
　Tango o oboenakyanannai.
❸ 電話番号を教えてください。　전화번호를 가르쳐 주세요.
　Denwabangoo o oshiete kudasai.

위의 예에서는 조사가 탈락하는 경우도 있는데, 조사가 없는 경우에도 「お」가 계속됩니다. 그리고 「両親の家へ送っとこう」처럼 「え」가 계속되는 예도 있습니다.

3. 같은 자음 사이에 있는 모음은 탈락하고, 촉음화할 경우도 있습니다.

❶ 夏休なつやすみはどこかへ行きましたか。
　여름 휴가는 어디로 갔습니까?
　(→ どっか) do kø ka
❷ 新あたらしい洗濯機せんたくきを買いました。
　새로운 세탁기를 샀습니다.
　(→ せんたっき) se n ta kǔ ki
❸ 大学だいがくから奨学金しょうがくきんをもらいました。
　대학에서 장학금을 받았습니다.
　(→ しょうがっきん) sho o ga kǔ ki n

그 외에도 「水族館すいぞくかん」「三角形さんかくけい」등의 예가 있습니다.

応用練習 응용연습 3

지금까지 학습한 발음의 변화를 사용하여 롤플레이를 합니다.

❶ 예
A : 暑あついね。　덥네요.
B : うん、今日きょうは特とくに暑あついね。
　　응, 오늘은 유난히 덥네.
A : 仕事しごと、どう? 일은 어때요?
B : こんなに暑あつくちゃ仕事しごとができないね。
　　もう、そろそろ。　이렇게 더워서는 일을 할 수가 없지.
　　이제 슬슬.
A : じゃあ、早はやく終おわっちゃおうよ。帰かえりにビールでも飲のんでかない? ちょっと寄よってこうよ。
　　자, 빨리 일을 끝내자. 집에 돌아가는 길에 맥주라도 마시러 안 갈래? 잠깐 들렀다 가자.
B : いいね。すぐ行いくから、先さきに行いってて。
　　좋아. 곧 갈테니까 먼저 가 있어.
A : うん。じゃあ、○○で待まってるよ。
　　그래. 그럼, ○○에서 기다릴게. (자주 가는 가게의 이름을 넣어서 말해 보세요.)
B : うん、先さきにビール注文ちゅうもんしといてよ。
　　응, 먼저 맥주 시켜 둬.

❷ 예
A : 来週らいしゅうの○○さんの誕生日たんじょうびのことなんだけど。
　　다음 주 ○○씨 생일인데. (인명을 넣으세요.)
B : うん。　응.
A : 週末しゅうまつ、買かい物ものしとこうと思おもってるんだけど。　주말에 장을 봐두려고 하는데.
B : じゃあ、いっしょに行いったげるよ。
　　그럼, 같이 가 줄게.

A : ありがとう。 고마워.

(다음에서는 종이에 쇼핑 리스트를 적으면서 이야기합니다.)

A : まず、プレゼント<u>買か</u>わなきゃね。
　　우선, 선물을 사야지.

B : うん。 응.

A : それから、飲のみ物ものを<u>買かっと</u>かなきゃね。何なに
　　がいい？　그리고, 마실 것을 사 둬야 되는데. 뭐가 좋지?

B : ビールとジュースかなあ。 맥주랑 주스면 될까?

A : ○○さんは、何なに飲のむか<u>知しってる</u>？
　　○○씨는 뭘 마시는지 알아?

B : ああ、○○さんは、ワインが好きだから、ワインも
　　<u>買かっといた</u>ほうがいいね。
　　아, ○○씨는 와인을 좋아하니까 와인도 사는 게 좋겠네.

A : ビールとジュースとワインね。
　　맥주랑 주스랑 와인 말이지.

A : それから、花はなも<u>買かっとこう</u>。
　　그리고 꽃도 사 두자.

A : あ、いいね。食べ物は何か注文ちゅうもん<u>しとこう</u>
　　か。　아, 좋아. 먹을 것은 뭘 주문해 둘까?

B : 注文ちゅうもんすると高たかいから、何なにか作つくっ
　　<u>たげる</u>よ。 주문하면 비싸니까 뭐 좀 만들어 줄게.

A : ほんと？ じゃあ、お願ねがいね。 정말? 그럼, 부탁해.

❸ 예

A : こんどの土曜日どようび、○○見みに行いかない？
　　이번 토요일에 ○○ 보러 안 갈래?(영화 제목을 넣으세요.)

B : うん、あの映画えいが、<u>見みたかったんだ</u>。
　　응, 그 영화 보고 싶었는데.

A : すごく人気にんきあるから、<u>込こんでる</u>かもね。 すい
　　<u>てたら</u>いいけど。 굉장히 인기 있으니까 붐빌지도 몰라.
　　붐비지 않으면 좋을텐데.

B : 土曜日どようびだと<u>込こんじゃう</u>から、早はやく行いか
　　なきゃ。 토요일이라 붐빌 테니까 빨리 가야 해.

A : チケット売うり切きれで見みらんなくなるよね。 前売
　　まえうり券けん、<u>買かっとこうか</u>。
　　티켓 매진으로 볼 수 없게 된단 말이야. 에매권 사 둘까?

B : そうだね。 그렇군.

A : あした暇ひまだから、<u>買かっといたげる</u>。
　　내일 시간이 있으니까 사 놓을게.

B : ほんと？じゃあ、お金かね<u>渡わたしとく</u>から、<u>買かっ
　　といて</u>くれる？ 정말? 그럼 돈 줄테니까 사 놔 줄래?

A : 分わかった。じゃあ、土曜日に前売まえうり券けん、<u>持
　　もってくね</u>。
　　알았어. 그럼, 토요일에 에매권 가져갈게.

タスク 과제

1. 발음의 변화가 있는 곳을 찾아 원래의 형태를 생각해 보는
연습입니다.

❶ A : これ、隣の部屋へ<u>持もってって</u>くれる？
　　이거, 옆방으로 가져가 줄래요?

B : はい、分かりました。 예, 알겠습니다.

→　持もっていって

❷ A : こんなに暑あつくちゃ仕事しごとができないねえ。
　　이렇게 더워서야 일을 할 수가 없네.

B : 今日きょうは早はやく<u>終おわっちゃって</u>、ビール
　　でも<u>飲のんでかない</u>？
　　오늘은 빨리 끝내버리고 맥주라도 마시러 안 갈래요?

→　暑あつくては / 終おわってしまって / 飲のんでい
　　かない

❸ A : 映画えいがの前売まえうり券けん、<u>買かっとけば</u>よ
　　かったかな。 영화 예매권 사 뒀으면 좋았을텐데.

B : <u>すいてたら</u> いいんだけどね…。
　　자리가 있으면 좋겠는데…

→　買かっておけば / すいていたら / いいのだ

2. 이 과에서 배운 음변화를 포함하는 문장을 만들어 발음하
는 연습입니다.

❶ 예

～てしまう / ～でしまう

a. トマトが安やすかったから、たくさん<u>買かってしまいま
　　した</u>。 토마토가 싸서 많이 사 버렸습니다.

b. トマトが安やすかったから、たくさん<u>買かっちゃった</u>。
　　토마토가 싸서 많이 사 버렸다.

❷ 예

～ておく / ～でおく

a. 後あとで食たべるから、テーブルの上うえに<u>置おいてお
　　いて</u>。 나중에 먹을 테니까 테이블 위에 놓아 둬

b. 後あとで食たべるから、テーブルの上うえに<u>置おいとい
　　て</u>。 나중에 먹을 테니까 테이블 위에 놓아 둬.

❸ 예

～ている / ～でいる

a. 毎日まいにちプールへ行いって、<u>泳およいでいるんです</u>。
　　매일 수영장에 가서 수영하고 있습니다.

b. 毎日まいにちプールへ行いって、<u>泳およいでるんです</u>。
　　매일 수영장에 가서 수영하고 있습니다.

④ 예

～ていく / ～でいく

a. 天気てんきが悪わるいので、会社かいしゃへ傘かさを持もっていく。   날씨가 흐려서 회사에 우산을 가지고 간다.

b. 天気てんきが悪わるいので、会社かいしゃへ傘かさを持もってく。   날씨가 흐려서 회사에 우산을 가지고 간다.

3. (응용연습3)의 롤플레이 회화를 녹음합니다. 예는 (응용연습3)을 참조하세요. 이 과에서 연습한 표현을 사용하도록 합니다. 중·상급 수준의 학습자라도 비격식체의 회화에서 です·ます체를 섞어 써서 대화가 부자연스러워지는 경우가 자주 있습니다. 이 롤플레이를 통해 보통체 연습을 할 수 있습니다.

학습포인트

회화체에는 다양한 음 변화가 연관되어 있습니다. 비격식체의 회화체만이 아니라 강의나 대담 등의 공식적인 자리에서의 회화에도 음변화가 일어납니다. 이 때문에 청해력을 향상시키기 위해서는 격식체·비격식체를 불문하고 회화체의 음 변화에 관한 지식이 필요합니다. 또, 영화나 TV드라마 등을 통해 회화체의 발음이 문어(文語)와는 다르다는 것을 알고 있는 학습자도 많아, 회화체 발음에도 많은 관심을 가지고 있을 것입니다.

이 과를 통해 회화체의 음변화는 요음화, 발음화, 촉음화 등의 일정한 규칙이 있다는 것을 알 수 있습니다.

제5과 | 명사의 악센트

목적
- 명사 악센트의 특징을 배운다.
- 복합어 악센트의 원칙에 대해 배운다.
- 소리의 고저(高低)를 주의하여 듣고, 발음하도록 습관을 들인다.

1 聞いてみよう 들어 봅시다

❶ が　く　せ　い　×
❷ (お)　ん　が　く　×
❸ ス　(プ)　ー　ン　×
❹ し　ん　ぶ　(ん)　×
❺ こ　う　(じょ)　う　×
❻ あ　(さ)　っ　て　×
❼ コ　ー　(ヒ)　ー　×
❽ い　も　う　(と)　×

CD를 듣고 우선 명사 악센트의 듣기가 가능한지 체크합니다.

소리의 높이가 급격하게 낮아지는 곳을 '악센트 핵'이라 하는데 우선 악센트 핵의 위치를 듣고 파악하는 연습을 합니다.

동경어의 악센트는 평판형(平板型), 두고형(頭高型), 중고형(中高型), 미고형(尾高型)의 4종류가 있습니다. 우선은 차이가 명확한 두고형과 평판형 악센트의 예를 듣고 구별합니다. 다음으로 평판형과 중고형으로 이어서 합니다. 그러나 중고형의 보다 세밀한 악센트 핵의 위치 판단은 어렵습니다.(예 : スプーン, 工場, あさって, コーヒー). 마지막 예는 미고형으로 「いもうと」 다음의 조사 「が」에서 소리의 높이가 급격하게 떨어집니다. 「いもうと」의 음의 높이만으로는 평판형과 미고형을 구별할 수 없습니다.

	1박	2박	3박	4박
평판형	きが(気)	はしが(端)	りんごが	にほんごが
두고형	きが(木)	はしが(箸)	みかんが	まいにちが
미고형		はしが(橋)	おとこが	いもうとが
중고형			たまごが	あさってが

2 発音してみよう 발음해 봅시다

「酒」와「鮭」,「柿」와「牡蠣」처럼 악센트의 차이에 의해 의미가 달라지는 것을 보여주고 있습니다.

동경어 악센트에서는 첫번째 박과 두번째 박의 높이가 다릅니다. 그러나 음성적으로는 첫번째 박이 낮고 두번째 박이 높을 때, 첫번째 박이 두번째 박의 영향으로 높게 발음될 때도 있습니다. 회화체에서는 첫번째 박이 두번째 박의 높이의 차이를 강조하면 오히려 부자연스럽게 들리므로 주의합니다. 단어의 악센트와 문장 전체의 고저(高低) 관계에 대해서는 제7과 (응용연습3)과 제10과 (칼럼)을 참조하세요.

3 声に出して練習しよう 소리 내어 연습해 봅시다

동경어 악센트의 종류는 4가지가 있습니다.

I. 平板型(평판형)

예 酒さけが, 柿かきが(を), 飴あめが, 鼻はなが,
　端はしが(を)

II. 頭高型(두고형)

예 鮭さけが, 牡蠣かきが(を), 雨あめが, 箸はしが

III. 中高型(중고형)

(없음)

IV. 尾高型(미고형)

예 花はなが, 橋はしが

명사의 악센트는 규칙이 없습니다. 유감스럽게도 불규칙적이어서 하나하나 외워야 합니다.

4종류의 악센트 형태가 있지만, 차지하는 비율이 다릅니다. 1박부터 4박까지의 명사를 보면 짧은 말은 두고형(頭高型)이 많고, 길어짐에 따라 평판형(平板型)이 많아지는 경향이 있습니다. 5박 이상의 명사는 어말(語末)에서 세번째 박에 악센트 핵이 놓이는 중고형(中高型)이 많습니다.

4 考えてみよう 생각해 봅시다

1. 악센트라는 것은 단어마다 정해진 소리의 고저(高低)로, 소리의 높이가 갑자기 낮아지는 곳을 악센트 핵이라고 합니다.

2. 한국어에로 악센트가 있는지 생각해 보고 일본어의 악센트와 어떻게 다른지 이야기해 봅시다.

3. 1) 두고형(頭高型)   2) 평판형(平板型)
   3) 두고형(頭高型)   4) 평판형(平板型)
   5) 두고형(頭高型)   6) 평판형(平板型)
   7) 미고형(尾高型)   8) 평판형(平板型)
   9) 두고형(頭高型)   10) 미고형(尾高型)
   11) 평판형(平板型)

コラム 칼럼

일본어 악센트의 원칙은 한 단어 안에서 소리 높이가 한 번 낮아지면 다시 높아지지 않습니다. 이것은 단어와 단어의 경계나 의미의 경계를 나타내는 데 중요한 역할을 합니다

즉, 한 단어 안에서 소리의 높이가 낮아졌다가 다시 높아지면 하나의 단어가 아닌 것처럼 들립니다.

예를 들면「教会に行いった」를「きょうかいに行いった」라고 발음하면「今日きょう会かいに行いった」로 들립니다.

자신이 말하고 싶은 것을 알아듣기 쉬운 발음으로 말할 수 있게 되는 것이 목표이므로, 자신이 사용하고자 하는 말의 악센트를 모를 경우, 악센트 사전을 이용하면 많은 도움이 됩니다.

応用練習 응용연습 1

1. 복합어의 악센트는 뒷단어의 악센트 형과 길이에 의해 결정됩니다. 우선 [응용연습1]에서는 다음의 원칙에 대해 학습합니다.

원칙 1 : 뒷단어의 첫 박자에 악센트 핵을 부여합니다.

❶ あさひ + しんぶん → あさひしんぶん
❷ でんりょく + かいしゃ → でんりょくがいしゃ
❸ けいたい + でんわ → けいたいでんわ
❹ でんわ + ばんごう → でんわばんごう
❺ あおもり + りんご → あおもりりんご

1. 문장 속에서 원칙 1을 따르는 복합어의 악센트 발음을 연습합니다.

2. 「わたしは毎日新聞を読みます。」라는 문장의 두 가지 의미를 생각하고, 발음하는 연습입니다. 해답은 다음과 같습니다.

❶ わたしはまいにちしんぶんをよみます。
  (자연스러운 발음에서는「まいにち」의「ま」가 높게 발음될 때가 있습니다.)

❷ わたしはまいにちしんぶんをよみます。
  (자연스러운 발음에서는「よみます」의「よ」가 높게 발음될 때가 있습니다.)

応用練習 응용연습 2

1. [응용연습2]에서는 다음의 원칙에 대해 학습합니다.

원칙 2 : 뒷단어가 -2형(어말에서 두번째 박에 악센트 핵이 있는 형)이 아닌 중고형(中高型)인 경우, 원래의 악센트가 남습니다. 뒷단어가 -2형일 때는 첫 박자에 악센트 핵이 놓일 때가 있습니다 (예 : なま+たまご → なまたまご).

[응용연습1]의「でんわ+ばんごう → でんわばんごう」는「番号」가 -2형이므로 첫 박자에 악센트 핵이 놓여 있습니다.

원칙 3 : 뒷단어가 긴 단어(5박 이상)일 때, 원래의 악센트가 남습니다.

뒷단어가 짧은 단어(2박 이하)일 때 앞단어의 마지막 박에 악센트 핵을 부여합니다 (예 : みなと+く → みなとく). 단, 이와 같은 말에 대해서는 복합어의 형성 과정을 이해하기 보다 한 단어로 만들어서 기억하는 편이 효율적입니다.

❶ かみ + ひこうき → かみひこうき
❷ じどうしゃ + きょうしゅうじょ → じどうしゃきょうしゅうじょ
❸ じどう + すいはんき → じどうすいはんき
❹ かんこう + あんないじょ → かんこうあんないじょ
❺ シドニー + オリンピック → シドニーオリンピック

2. 문장 속에서 원칙 2·3에 따르는 복합어의 악센트 발음을 연습합니다.

タスク 과제

1. 명사의 악센트 핵의 위치를 표시하고 발음하는 문제입니다.

❶ まいあさ、コーヒーを飲のみます。
　매일 아침, 커피를 마십니다.

❷ がくせいがにほんごを勉強べんきょうしています。
　학생이 일본어를 공부하고 있습니다.

❸ たばこを吸すってもいいですか。
　담배를 피워도 괜찮습니까?

❹ いもうとがしんぶんを読よんでいます。
　여동생이 신문을 읽고 있습니다.

❺ 昨日きのう、くるまを買かいました。
　어제 자동차를 샀습니다.

2. [응용연습1.2]에서 도입한 복합어의 악센트를 표시하고 발음하는 문제입니다.

❶ じどうしゃ + こうじょう → じどうしゃこうじょう

❷ けんしゅう + りょこう → けんしゅうりょこう

❸ カラー + テレビ → カラーテレビ

❹ とりつ + はくぶつかん → とりつはくぶつかん

❺ しゅうしょく + そうだんじょ → しゅうしょくそうだんじょ

3. 문제 1.과 2.에서 연습한 말을 녹음합니다.

학습포인트

발음 중에서 악센트에 대해 궁금해 학습자가 많습니다. 악센트가 언급된 일본어 교재가 거의 없어서 '일본어에 악센트가 있다는 걸 몰랐다' 라고 하는 학습자도 있습니다. 이 경우는 이 과를 한 번에 전부 연습하는 것이 아니라 조금씩 나눠서 매일 10분에서 15분에 걸쳐 반복 연습하는 것도 좋습니다.

스피치나 면접, 직장 등에서는 발음이 듣기 쉬운지 아닌지에 따라 듣는 사람이 느끼는 인상이 달라질 가능성도 있습니다. 눈으로 보면 아는데 구두(口頭)로 표현했을 때는 알아듣기 경우도 있습니다. 일본어의 음성적 특징을 알고 있으면, 소리의 높이를 조절하여 복합어도 알아듣기 쉽게 발음할 수 있습니다.

한편, 각각의 명사 악센트에는 규칙이 없어서, 단어마다 기억해야 합니다. 새로운 단어를 익힐 때 악센트도 동시에 의식적으로 외우는 습관을 들이면 발음은 정확하고 듣기 쉬워집니다. 대부분의 교재에 신출 어휘에 대한 악센트가 표기되어 있지 않으므로 악센트 사전으로 확인하세요.

제6과 | い형용사의 악센트

목적
- い형용사의 악센트(활용형 포함)를 배운다.
- い형용사 + 명사의 악센트를 자연스럽게 발음할 수 있도록 한다.
- 소리의 고저(高低)를 주의하여 듣고, 발음하도록 한다.

1 聞いてみよう 들어 봅시다

❶ いい, ある　　❷ あつい, ない
❸ こい, ある　　❹ むずかしい, ない
❺ やさしい, ない　❻ あたたかい, ある
❼ つめたい, ない　❽ かわいい, ある

CD를 듣고 악센트의 유무를 판단하는 연습입니다. 명사의 악센트와는 달리, い형용사의 경우는 악센트 핵이 있는지 없는지에만 중점을 두고, 몇 번째 박에 있는가는 중요하게 여기지 않습니다.

2 発音してみよう 발음해 봅시다

い형용사의 악센트와 박 수에 주의해서 발음합니다. 제5과에서 악센트 핵의 위치 표시 방법을 학습했으므로, [발음해 봅시다]에서는 괄호 안의 히라가나로 쓴 단어에 악센트 핵의 위치를 표시합니다.

❶ いい(いい)　　❷ 濃い(こい)
❸ 青い(あおい)　❹ 赤い(あかい)
❺ 楽しい(たのしい)　❻ 易しい(やさしい)
❼ 冷たい(つめたい)　❽ 忙しい(いそがしい)
❾ 難しい(むずかしい)

수식된 명사는 그 자체의 악센트 그대로 발음됩니다. 따라서, い형용사와 명사의 악센트 형에 따라 명사수식구 전체의 음조가 달라집니다.

❶ あかるい + へや → あかるいへや
❷ やさしい + せんせい → やさしいせんせい
❸ あかい + りんご → あかいりんご

3 声に出して練習しよう 소리 내어 연습해 봅시다

여기에서는 い형용사의 악센트 형을 기억하도록 합니다.

い형용사를 완전히 습득하지 않은 상태에서는 한 번에 연습하는 것보다 매일 10~15분에 나눠서 계속 반복 연습하면 좋습니다.

い형용사의 악센트는 그룹 A(뒤에서 두번째 박에 악센트 핵이 있는 그룹)과 그룹 B(악센트 핵이 없는 그룹)로 나뉘는데, 그룹 B를 구별하지 않는 일본인도 있습니다. 단, 명사 수식구에서는 그룹 A와 그룹 B의 악센트는 명확히 구별됩니다. 그리고 활용형에서도 구별되는 경우가 많으므로 (→ [응용연습2]), 원형도 구별하여 외워 두면 그 다음 연습이 자연스럽게 진행됩니다.

「青い」와 「赤い」처럼 같은 색을 나타내는 말인데, '왜 악센트가 다를까' 하는 의문을 가질 수 있습니다. 제5과에서 설명한 것처럼 명사의 악센트에 규칙이 없는 것과 마찬가지로, い형용사의 악센트에도 규칙이 없어, 단어마다 외워야 합니다.

박 수에 관계없이 끝에서 두번째 박에 악센트 핵이 부여된다는 것은 규칙적이라서 이해하기 쉽지만, 앞에서 세면 박자수가 늘어남에 따라 악센트 핵의 위치가 달라져 불규칙해집니다. 뒤에서부터 세도록 합니다.

4 考えてみよう 생각해 봅시다

1. い형용사의 악센트에는 2종류가 있으며, 악센트 핵이 없는 것과 있는 것으로 나뉩니다. 악센트 핵이 있는 것은 뒤에서 두 번째 박에 있습니다.

2. 악센트 사전을 준비하여 실제로 사용해 보면 좋습니다. 자신이 쓰고 싶은 い형용사의 악센트를 확인해 봅니다.
   예 : 그룹 A (美しい, ありがたい), 그룹 B (薄い, 固い) 등

応用練習 응용연습 1

い형용사가 명사를 수식할 때의 악센트를 연습합니다. 불필요한 곳에 악센트를 부여하게 되면 그 악센트가 두드러져서 한 덩어리의 명사수식구로 느껴지지 않으므로 명사수식구를 하나로 이어서 매끄럽게 발음하도록 주의합니다.

그룹 B의 형용사(평판형)에 의해 수식된 명사는 일반적으로 첫 번째 박이 높게 발음됩니다 (예 : 難しい漢字). 기복형명사(起伏型名詞)는 악센트 핵이 있는 곳까지 높게 발음됩니다. 「おいしいおかし」처럼 명사의 악센트 핵의 위치는 변하지 않습니다.

그룹 A의 い형용사의 경우는 끝에서 소리의 높이가 낮아지므로

応用練習 응용연습 2

い형용사의 활용 악센트를 연습합니다.

젊은층에서는 그룹 A의 악센트 핵의 위치를 1박자 뒤로 옮겨 발음하는 경향이 있습니다. (예: たかかった, たかくて, たかくない). 또, 실제로 그룹 A의 「ーない」가 붙은 형은 「な」가 약간 높게 발음되는데, 「な」를 너무 강조하면 '불만 표출'처럼 해석되므로 주의가 필요합니다.

コラム 칼럼

악센트 핵이 있는 い형용사에 대해서는 원칙적으로 뒤에서부터 두번째 박에 악센트 핵이 있지만, 뒤에서 2~3번째 박이 한 박 앞으로 이동하는 장음일 때는 악센트 핵의 위치가 한 박 앞으로 이동하는 경우도 있습니다. (예 : 多い(おおい)). 즉, 뒤에서 세 번째에 있습니다.

タスク 과제

1. い형용사의 활용형과 악센트를 표시하고, 발음하는 문제입니다.

		～です	～た	～て	～ない
그룹 A		ひろいです	ひろかった	ひろくて	ひろくない
		いそがしいです	いそがしかった	いそがしくて	いそがしくない
그룹 B		ねむいです	ねむかった	ねむくて	ねむくない
		おいしいです	おいしかった	おいしくて	おいしくない

2. 다음 밑줄 친 い형용사에 악센트를 표시하고 발음하는 문제입니다.

❶ 夏休なつやすみの旅行りょこうはとても<u>たのしかった</u>です。　여름휴가 여행은 아주 즐거웠습니다.

❷ ジェットコースターは、ちょっと<u>こわいけどおもしろい</u>。　제트 코스터는 좀 무섭지만 재미있다.

❸ 去年きょねんの冬ふゆはいつもより<u>あたたかかった</u>。　작년 겨울은 여느 때보다 따뜻했다.

❹ 赤あかちゃんの手ては小ちいさくて<u>かわいい</u>。　아가의 손은 작아서 귀엽다.

❺ <u>むずかしい</u>漢字かんじはたくさん書かいて覚おぼえます。　어려운 한자는 많이 써서 암기합니다.

3. い형용사가 명사를 수식할 때의 악센트를 표시하고, 발음하는 문제입니다.
  ❶ あかい + りんご → あかいりんご
  ❷ くらい + へや → くらいへや
  ❸ とおい + ところ → とおいところ
  ❹ あまい + チョコレート → あまいチョコレート
  ❺ おそい + じどうしゃ → おそいじどうしゃ

4. 학습자가 자기 자신의 경험에 대해 말할 때에 사용한 い형용사의 악센트를 확인하는 문제입니다.
  ㉠ 昨日きのうインド料理りょうりのレストランに行いきました。その店みせは安やすくておいしい店みせでした。わたしの食たべたカレーはとても辛からかったので、冷つめたいビールが飲のみたくなりました。
  (어제 인도 요리 레스토랑에 갔었습니다. 그 가게는 싸고 맛있는 가게였습니다. 내가 먹은 카레는 너무 매워서 시원한 맥주를 마시고 싶어졌습니다.)

		〜です	〜た	〜て	〜ない
그룹 A		やすいです	やすかった	やすくて	やすくない
		からいです	からかった	からくて	からくない
그룹 B		おいしいです	おいしかった	おいしくて	おいしくない
		つめたいです	つめたかった	つめたくて	つめたくない

학습포인트

이 과에서는 악센트에 따라 의미가 달라지는 「暑い・厚い」같은 최소대어(対語)를 설명했습니다만, 모든 말이 이와 같은 최소대어(対語)는 아닙니다. '대어(対語)가 되는 말이 없으면 악센트를 아무렇게나 발음해도 오해가 없을 것이라고 생각할 수도 있습니다. 또, '방언에 따라 차이가 있는 게 아닐까' 하는 의문이 들 수도 있습니다. 일본어는 방언에 따라 악센트의 패턴이 달라지며, 각각 독자적인 체계를 가지고 있습니다.

이에 반해 모국어의 영향을 받은 일본어 학습자는 일본어에는 없는 악센트 패턴을 사용하는 경우가 종종 있는데, 외국인을 접할 기회가 적은 일본인에게는 상당히 알아듣기 어렵습니다.

일본인이 '이해하기 어렵다', '듣고 있기 힘들다'·

'외국인 특유의 억양이 있다' 라고 느끼는 발음은 악센트가 잘못 발음된 것입니다. 보다 알아듣기 쉬운 발음을 목표로 한다면 일정한 규칙에 따른 악센트의 습득이 아주 중요합니다.

제7과 | 동사의 악센트

목적
- 동사의 악센트(활용형 포함)를 배운다.
- 복합동사의 악센트를 자연스럽게 발음할 수 있도록 한다.
- 소리의 고저(高低)에 주의하여 듣고 발음하도록 한다.

1 聞いてみよう 들어 봅시다

❶ いく, ない   ❷ はなす, ある
❸ きる, ある   ❹ きく, ない
❺ いそぐ, ある ❻ はたらく, ない
❼ おしえる, ない ❽ てつだう, ある

CD를 듣고 악센트의 유무를 판단하는 연습입니다. 명사의 악센트와 달리, 동사의 경우는 악센트 핵이 있는지 없는지에만 중점을 두고, 몇 번째 박에 있는가는 문제시하지 않습니다.

2 発音してみよう 발음해 봅시다

동사에 대해 악센트와 박 수에 주의해서 발음합니다. 제5과에서 악센트 핵의 위치 표시 방법을 학습했으므로, [발음해 봅시다]에서는 괄호 안의 히라가나로 쓴 단어에 악센트 핵의 위치를 나타냅니다. 답은 아래와 같습니다.

❶ 読む (よむ)   ❷ 行く (いく)
❸ 着る (きる)   ❹ 話す (はなす)
❺ 使う (つかう)   ❻ 作る (つくる)
❼ 教える (おしえる) ❽ 手伝う (てつだう)
❾ 忘れる (わすれる)

3 声に出して練習しよう 소리 내어 연습해 봅시다

동사의 악센트에 익숙하지 않은 학습자는 매일 10~15분에 나눠서 반복 연습하는 것이 좋습니다.

박 수에 관계없이 뒤에서부터 2번째 박에 악센트 핵이 있는 것은 규칙적이라서 이해하기 쉽지만, 앞에서부터 세면 박 수가 늘어남에 따라 악센트 핵의 위치가 기준에서 벗어나 불규칙해 집니다. 뒤에서부터 세도록 주의합니다.

4 考えてみよう 생각해 봅시다

1. 동사의 악센트에는 2종류가 있으며, 악센트 핵이 없는 것과 있는 것으로 나뉩니다. 악센트 핵이 있는 것은 뒤에서부터 세어 두번째 박에 있습니다.
2. 악센트 사전을 준비하여 실제로 사용해 봅시다. 사용하려는 동사의 악센트를 확인해 봅시다.

   예 그룹A (読む, 走る), 그룹B (買う, 座る) 등

応用練習 응용연습 1

복합동사의 악센트를 연습합니다. 불필요한 곳에 악센트를 주면 그 악센트가 두드러져 통합된 동사로 느껴지지 않으므로 복합동사를 하나로 묶어 발음할 수 있도록 연습합니다.

복합동사의 경우, 악센트 핵이 뒤에서 두번째 박에 놓입니다.

1) たべる + おわる → たべおわる 다 먹다
2) のむ + すぎる → のみすぎる 너무 마시다
3) おく + わすれる → おきわすれる 두는 걸 잊다

応用練習 응용연습 2

동사의 た형과 て형의 악센트를 연습합니다.

コラム 칼럼

악센트 핵이 있는 동사는 원칙적으로 뒤에서 세어 두번째 박에 악센트 핵이 있지만, 뒤에서 2~3번째 박이 장음이거나 2개의 모음이 이어져 있을 때는 악센트 핵의 위치가 한 박 앞으로 이동하여, 뒤에서 세번째일 때도 있습니다.

예 通る (とおる), 帰る (かえる), 入る (はいる), 返る (かえる)

応用練習 응용연습 3

다음 문장에서 음성의 차이와 의미의 차이에 대해 확인합니다.

❶ 来てください。(きてください) 와 주세요.
❷ 着てください。(きてください) 입으세요.
❸ 切ってください。(きってください) 잘라 주세요.
❹ 切手ください。(きってください) 우표 주세요.
❺ 聞いてください。(きいてください) 들어 보세요.

학습자들은 대개 ❶, ❷의 발음은 촉음 삽입과 악센트를, ❸, ❹의 발음은 촉음 탈락과 악센트를 어려워합니다. ❺는 「聞いーてください」라고 장음을 늘이면 다른 것과 혼동할 일은 없지만, 너무 늘이면 부자연스러운 발음이 됩니다. 장음을 단지 길게 발음하는 것이 아니라 「聞いて」를 3박으로 발음할 수 있도록 연습합니다. (→리듬 연습은 제2과를 참조하세요.)

「ください」의 악센트는 중고형(中高型)이지만, 문장 전체가 「へ자형 억양」이기 때문에 문말(文末)에서는 고저(高低)를 명확하게 강조하여 발음하지 않도록 합니다. 「来て」의 「来」와 「ください」의 「ださ」는 단독으로는 둘다 고음조이지만, 실제로는 문장 전체의 음조가 하강하기 때문에 「来て」의 「来」와 「ください」의 「ださ」는 같은 높이가 아닙니다. 「へ자형 억양」에 대해서는 제10과에서 소개합니다.

タスク 과제

1. 동사의 활용형과 악센트를 나타내고, 발음하는 문제입니다.

	～ます	～た	～て	～ない
그룹A	つくります	つくった	つくって	つくらない
	おきます	おきた	おきて	おきない
그룹B	あそびます	あそんだ	あそんで	あそばない
	おしえます	おしえた	おしえて	おしえない

2. 다음 문장의 밑줄 친 동사에 악센트를 표시하고, 발음하는 연습입니다.

❶ 今朝けさ6時じにおきて、1日中にちじゅうはたらいた。
   오늘 아침 6시에 일어나서, 하루종일 일했다.
❷ 今晩こんばん友達ともだちがうちにきます。
   오늘밤 친구가 집에 옵니다.
❸ この辞書じしょは便利べんりなので、毎日まいにちつかっています。
   이 사전은 편리해서, 매일 사용하고 있습니다.
❹ 毎晩まいばんわたしがご飯はんをつくっています。
   매일 밤 내가 밥을 짓습니다.
❺ 会議かいぎは、5時じにおわった。
   회의는 5시에 끝났다.

3. 복합동사의 악센트를 표시하고, 발음하는 문제입니다.

❶ よむ + おわる → よみおわる 다 읽다
❷ はなす + はじめる → はなしはじめる 말하기 시작하다
❸ つくる + すぎる → つくりすぎる 너무 만들다
❹ しめる + わすれる → しめわすれる 닫는 걸 잊다
❺ およぐ + はじめる → およぎはじめる
   헤엄치기 시작하다

4. 학습자가 자신의 경험에 대해 말할 때 사용하는 동사의 악센트를 확인하는 문제입니다.

🔊 昨日きのう大学だいがくのときの友達ともだちと会あって晩ばん御飯はんを食たべました。食事しょくじの後あと、カラオケに行いっていっしょに歌うたいました。

어제 대학 시절 친구들을 만나서, 저녁을 먹었습니다. 식사 후, 노래방에 가서 함께 노래했습니다.

		기본형	～ます	～た	～て	～ない
그룹 A	I	あう	あいます	あった	あって	あわない
	II	たべる	たべます	たべた	たべて	たべない
그룹 B	I	いく	いきます	いった	いって	いかない
	II	うたう	うたいます	うたった	うたって	うたわない

학습포인트

「来てください、着てください、切ってください、切手ください、聞いてください」와 같이 발음을 구별하기 어려운 것은 촉음·장음의 유무만이 아니라 악센트와도 관련되어 있기 때문입니다. 이 과의 연습을 통해 소리의 고저(高低)가 동사의 발음과도 관계된다는 것을 알 수 있습니다. 또한, 악센트에 따라 의미가 달라진다는 것을 「切る·着る」 같은 최소대어를 통해 확인할 수 있습니다.

또, 복합동사의 발음은 각각의 동사 악센트를 따로따로 발음하면 자연스럽게 한 단어로는 들리지 않고, 연결된 하나의 의미로 느껴지지도 않습니다. 여기에서 복합명사나 い형용사에 의한 명사 수식의 경우와 마찬가지로 음성과 문법이 밀접한 관계가 있다는 것을 알 수 있습니다.

제8과 | 의성어·의태어의 발음

목적
- 의성어·의태어의 발음을 이용하여 청탁음의 차이를 익힌다.
- 의성어·의태어의 악센트에 주의를 기울인다.
- 회화에서 자연스러운 발음으로 의성어·의태어를 사용할 수 있도록 한다.

1 聞いてみよう 들어 봅시다

❶ どんどん、強つよくたたいています。
탕탕, 세게 두드리고 있습니다.

❷ きらきら、きれいに光ひかっています。
반짝반짝, 예쁘게 빛나고 있습니다.

❸ げらげら、大おおきい声こえで笑わらっています。
껄껄, 큰소리로 웃고 있습니다.

❹ ぺらぺら、上手じょうずに話はなしています。
술술, 유창하게 이야기하고 있습니다.

❺ ごろごろ、大おおきい物ものが転ころがっています。
데굴데굴, 큰 것이 굴러가고 있습니다.

❻ ころころ、小ちいさい物ものが転ころがっています。
대굴대굴, 작은 것이 굴러가고 있습니다.

❼ くるくる、何回なんかいも回まわっています。
뱅글뱅글, 몇 번이나 돌고 있습니다.

❽ ぽろぽろ、涙なみだがこぼれています。
뚝뚝, 눈물이 흐르고 있습니다.

2 発音してみよう 발음해 봅시다

「とんとん·どんどん」「ころころ·ごろごろ」처럼 청탁음에 따라 의미가 달라지는 의성어·의태어를 발음합니다. 여기에서는 모든 단어를 첫번째 박이 높은 (두고형) 악센트로 발음합니다. 여기에서는 우선 발음에 초점을 두고, 다음의 [소리 내어 연습해 봅시다]에서 의미를 확인합니다.

3 声に出して練習しよう 소리 내어 연습해 봅시다

그림을 보면서 문장 속에 있는 의성어·의태어를 발음하는 연습입니다. 청음·반탁음과 탁음에 주의하여 발음하도록 합니다.

4 考えてみよう 생각해 봅시다

1. 4박의 단어이며, 2박이 반복되는 말입니다.
2. 정답은 b이고, 두고형(頭高型) 악센트입니다. 그러나 들을 때, c가 정답이라고 생각하기 쉽습니다.
3. 청음·반탁음은 '작고, 가볍고, 양이 적음', 탁음은 '크고, 무겁고, 양이 많음'을 나타냅니다. 또, 청음·반탁음은 경쾌하고 탁음은 불쾌한 느낌을 나타내는 경우가 있습니다. 「ぺらぺら」, 「べらべら」가 그 일례입니다.
4. 한국어도 의성어·의태어가 많은 언어입니다. 한국어와 일본어를 비교하면서 이야기해 보세요.

コラム 칼럼

두 가지 이상의 의미를 가지는 의성어・의태어에 대해 설명합니다. 「ごろごろ」는 다음과 같은 의미로 사용됩니다.

❶ 日曜日にちようびは1日中にちじゅううちでごろごろしています。 일요일은 하루 종일 집에서 빈둥거리고 있습니다.
(아무것도 하지 않는 모습)

❷ 大おおきな岩いわがごろごろ転ころがってきました。 커다란 바위가 데굴데굴 굴러 왔습니다.
(커다란 물체가 굴러가는 모습)

또, [응용연습1]의 「ぼろぼろ」는 낡은 셔츠를 나타내고 있지만, [소리 내어 연습해 봅시다]의 「涙なみだがぼろぼろ流ながれて止とまりません。」에서는 눈물이 줄줄 흐르는 모습을 나타냅니다.

[소리 내어 연습해 봅시다]의 「ぺらぺら」는 유창하게 말하는 모습을 나타내지만 「この紙かみは薄うすくてぺらぺらです」처럼 얇은 모양을 나타낼 때도 사용됩니다.

[소리 내어 연습해 봅시다]의 「とんとん」은 어깨를 두드리는 소리지만, 「話はなしはとんとん拍子ひょうしで進すすみました」처럼 일이 순조롭게 진행되는 모습을 나타낼 때도 사용합니다.

또, 「どんどん」은 문을 두드리는 소리로서 언급했는데, 「日本語にほんごがどんどん上手じょうずになります」처럼 급속도로 능숙해지는 모습을 나타낼 때도 사용합니다.

応用練習 응용연습 1

의성어・의태어가 항상 두고형(頭高型) 악센트라고 할 수는 없습니다. 「～です(て형은 ～で)」의 경우는 평판형(平板型) 악센트가 됩니다. 「日本語がぺらぺらです」「おなかがぺこぺこです」같은 표현은 자주 사용되므로 연습해 두세요.

문제 ❶~❸의 뜻은 다음과 같습니다.

❶ 배가 몹시 고픕니다.
❷ 이 구두는 너무 큽니다.
❸ 이 셔츠는 아주 낡았습니다.

応用練習 응용연습 2

원활한 커뮤니케이션을 목적으로, 여기에서는 다음을 연습합니다.

❶ 친구의 반지에 대해 이야기하고, 상대방을 칭찬한다.
❷ 집주인에게 물이 새는 것을 보고하고, 고쳐 달라고 의뢰한다.
❸ 어떤 일에 대해 친구에게 구체적으로 설명한다.

여기에서는 앞에서 배운 의성어・의태어를 사용하여 회화 연습을 합니다. 롤플레이를 이용한 회화 연습에서는 풍부한 음성 표현을 연습할 수 있습니다. 상대방이 이야기할 수 있게 형식적으로나 음성적으로나 다양하게 맞장구칠 수 있도록 연습합니다.

❶ 예

A: おはよう。 안녕.
B: あ、おはよう。元気げんき？ 아, 안녕. 잘 지내?
A: うん。あ、その指輪ゆびわ、いいね♂／いいわね♀。 どこで買かったの？ 응, 어, 그 반지, 좋네. 어디서 샀어?
B: 誕生日たんじょうびに(ボーイフレンド、ガールフレンド、友達ともだち)からもらったんだ♂／もらったの♀。 생일날 (남자친구, 여자친구, 친구)에게 받은 거야.
A: ああ、そう。きらきらして、きれいだね♂／きれいね♀。 아, 그렇구나. 반짝반짝 거려서 예쁘네.

注 롤플레이에서는 회화체에서의 남성어와 여성어의 차이에도 주의하여, 말하는 사람의 성별을 고려하여 연습합니다. (회화 예문에서는 ♀와 ♂로 나타냈습니다.)

❷ 예

(ドアをたたく音おととんとん) (문을 두드리는 소리 똑똑)
A: こんにちは。 안녕하세요.
B: あ、こんにちは。 아, 안녕하세요.
A: いつもお世話せわになっています。実じつは、水道すいどうから水みずがぽたぽた漏もれて、困こまっているんです。 늘 신세를 지고 있습니다. 실은 수도에서 물이 똑똑 새서 곤란합니다.
B: ああ、そうですか。 아, 그렇습니까?
A: お暇ひまなときに、見みていただけませんか。 시간 나실 때에 봐 주시겠어요?
B: ああ、いいですよ。すぐに直なおしますよ。 네, 좋습니다. 바로 고쳐 드릴게요.
A: ありがとうございます。 고맙습니다.

注 완전한 문장을 빨리 말하는 것보다 말을 머뭇거리거나 듣는 사람의 반응을 엿보면서 천천히 말함으로써 교섭이 잘 되는 경우도 있습니다. 상대가 집주인이라고 설정하여 이야기를 시작하는 방법에도 주의합니다.

문화적 배경에 따라 집주인과 세입자의 관계에 대한 이해가 다를 수 있습니다. 방을 빌려 주는 집주인 쪽이 세입자보다 입장이 위에 있으니 세입자가 집주인에게 정중하게 대하는 경우와, 임대료를 지불하고 있는 세입자 쪽이 집주인보다 입장이 위이므로 세입자가 수리를 요구하는 것은 당연하게 여기는 경우가 있으니 말하는 방식에 차이가 있을 수 있습니다. 집주인이 세입자보다 나이가 많다는 설정을 하여 롤플레이를 하면 좋겠죠.

❸ 예

A: 今朝けさ、電車でんしゃの中なかでね。 오늘 아침, 전철 안에서 말이야.

B : うん。 응.

A : 本ほんを読よんでいたら、 책을 읽고 있는데,

B : うん。 응.

A : 隣となりの人ひとが、大おおきな声こえで話はなしていて、 옆 사람이 큰 소리로 이야기를 해서,

B : そういう人ひと、いるよね ♂ / いるのよね ♀。
그런 사람이 있지.

A : げらげら笑わらうんだよ ♂ / 笑わらうのよ ♀。
껄껄 웃는 거야.

B : ああ、そう。 아, 그래?

A : うるさくて、本ほんを読よめなくて。
시끄러워서 책을 읽을 수가 없어서.

B : そう、迷惑めいわくだね ♂ / 迷惑めいわくね ♀。
그래, 정말 방해됐겠다.

🔑 회화를 부드럽게 진행하기 위해 듣는 사람이 맞장구를 치는 방법이 매우 중요한 역할을 합니다. A가 정보를 제공하고 있고, B는 듣는 역할을 하고 있으므로 B역을 맡은 사람에게는 다양하게 맞장구 치는 방법을 연습할 기회가 됩니다. 다음 예처럼 똑같은 말로 기계적으로 맞장구 치는 것은 부자연스럽고, 이야기가 활기가 없으므로 상대편이 잘 이야기할 수 있도록 해 주었다고는 말할 수 없습니다.

A : 今朝けさ、電車でんしゃの中なかでね。
오늘 아침, 전철 속에서 말이야.

B : そう(ですか)。 그래(요)?

A : 本ほんを読よんでいたら、 책을 읽고 있는데,

B : そう(ですか)。 그래(요)?

A : 隣となりの人ひとが、大おおきな声こえで話はなしていて、 옆 사람이 큰 소리로 이야기를 해서,

B : そう(ですか)。 그래(요)?

A : げらげら笑わらうんだよ ♂ / 笑わらうのよ ♀。
껄껄 웃는 거야.

B : そう(ですか)。 그래(요)?

A : …。 …….

タスク 과제

〔응용연습2〕의 롤플레이를 녹음합니다. 의성어 · 의태어를 사용하지 않아도 롤플레이는 할 수 있지만 이 과에서 배운 의성어 · 의태어를 사용하도록 하세요.

학 습 포 인 트

이 과에서는 사용빈도가 높은 의성어 · 의태어를 사용하여, 청탁음의 구별이나 악센트를 연습합니다. 음성적 측면에 초점을 맞춰 연습하기 때문에, 같은 음을 반복하는 4박의 단어를 사용하고 있습니다. 발음 연습이 목적이므로 어휘에 부담을 느끼지 않도록 했습니다. 악센트는 「의성어 · 의태어 + 동사」에서는 두고형(頭高型), 「~です」에서는 평판형(平板型)이라는 특징도 있습니다. 이 연습으로 「日本語がぺらぺらです」와 같이 잘못 발음하지 않도록 합니다. 특히 한국인에게는 청 · 탁음의 구별은 어려우므로 의성어 · 의태어를 통해 즐겁게 발음 연습을 합니다. 청 · 탁음의 구분에 따라 의미가 달라진다는 것을 실감할 수 있습니다.

의성어 · 의태어에는 2박의 단어의 반복 이외에도 다양한 것이 있지만 (예 : しょんぼり, ほっと), 생기 넘치는 음성 표현을 이미지화시킬 수 있는 의성어 · 의태어는 여기에서 언급한 리드미컬한 의성어 · 의태어가 일반적입니다. 의성어 · 의태어의 구조나 의미를 이해하는 것뿐만 아니라 즐겁고 리드미컬하게 발음하도록 연습합시다.

제9과 | 인토네이션

목적
- 말하는 사람의 기분을 전달하는 인토네이션의 특징에 대해 배운다.
- 표현 형식이 같아도 인토네이션에 따라 의미가 바뀌는 것을 이해한다.
- 자연스러운 문맥 속에서 악센트와 인토네이션에 주의를 기울인다.

1 聞いてみよう 들어 봅시다

문장을 듣고 인토네이션의 형태를 표시하는 연습입니다. 인토네이션의 형태는 화살표로 나타냅니다. 문장 끝이 상승조인지 하강조인지가 중요한 포인트이지만, 소리의 높이, 크기, 길이도 화자의 표현 의도를 전달하는 데에 중요한 역할을 합니다.

문장 끝이 올라가고 내려가는 것뿐만 아니라 소리의 고저(高低) 차이, 즉 음조의 폭의 크고 작음, 그리고 지속 시간의 길고 짧음에도 주의를 기울이세요. 예를 들면, '기쁨'을 전달하는 인토네이션은 음조의 폭이 큰 경향이 있고, '망설임'은 음조의 폭은 작지만, 이야기하는 데 걸리는 시간이 긴 경향이 있습니다.

- 例1 そうですか ↗ (의문) → 〔응용연습1〕 2. ❸
- 例2 そうですか ↘ (기쁨) → 〔응용연습1〕 2. ❷
- ❶ そうじゃない ↘ (부정) → 〔소리 내어 연습해 봅시다〕 1. ❷
- ❷ そうじゃない ↗ (의견을 구함) → 〔소리 내어 연습해 봅시다〕 1. ❶
- ❸ そうでしょう ↗ (확인) → 〔소리 내어 연습해봅시다〕 2. ❷
- ❹ そうでしょう ↘ (추측) → 〔소리 내어 연습해봅시다〕 2. ❶
- ❺ そうですか ↗ (의문) → 〔응용연습1〕 2. ❸
- ❻ そうですか ↘ (의심) → 〔응용연습1〕 2. ❺
- ❼ そうですね ↗ (확인) → 〔응용연습1〕 1. ❷
- ❽ そうですね — (망설임) → 〔응용연습1〕 1. ❸

2 発音してみよう 발음해 봅시다

이 과에서 다루는 주요 인토네이션의 형태는 다음과 같습니다.

① 상승조(上昇調)
② 하강조(下降調)
③ 평조(平調)

또한 여기에는 다음과 같은 음성적인 특징이 있습니다.

① 소리의 길이가 길다. (조금 천천히 발음하고, 허가를 구하거나 동정 등으로 성숭함이나 상내에 내한 염려·배려를 나타낸다. 또, 주저할 때, 망설임의 정도가 클수록 길게 머뭇거린다.)

② 소리의 폭이 넓다. (소리의 고저(高低)의 차가 크고 인토네이션이 있는 발음으로, 놀람·기쁨 등 감정의 기복을 나타낸다.)

인토네이션에는 개인차나 성별차도 있어, 반드시 하나의 표현 의도에 하나의 인토네이션만 있다고는 할 수 없습니다. 그러나 한 언어를 공통으로 사용하는 화자 사이에서는 대부분의 경우, 표현하고자 하는 의도가 매끄럽게 전달되는 것은 인토네이션의 형태에 대해서도 공통의 언어 지식이 있기 때문입니다. 이 과에서는 인토네이션이 올라가고 내려감과 더불어, 천천히 발음하거나 소리의 폭을 넓게 발음하는 연습을 통하여 화자의 기분을 전달하는 인토네이션의 특징에 대해 배웁니다.

1. じゃない
   1) 의견을 구함 : 상승조
   2) 부정 : 하강조
   3) 놀람 : 하강조 + 소리의 폭이 넓다

2. でしょう
   1) 추측 : 하강조
   2) 동정 : 평조 + 소리의 길이가 길다
   3) 확인·동의를 구함 : 상승조

3. でしょうか
   1) 정중한 질문 : 하강조 + 소리의 길이가 길다
   2) 추측 : 하강조
   3) 의심 : 하강조 + 소리의 폭이 넓다

3 声に出して練習しよう 소리 내어 연습해 봅시다

1. じゃない
   1) 의견을 구함 : 상승조
   2) 부정 : 하강조
   3) 의외·놀람 : 하강조 + 소리의 폭이 넓다(의외·놀람의 정도가 클수록 소리의 폭이 넓어진다.)

2. でしょう
   1) 추측 : 하강조
   2) 확인·동의를 구함 : 상승조
   3) 동정 : 평조 + 소리의 길이가 길다

3. でしょうか
   1) 정중한 질문 : 하강조 + 소리의 길이가 길다
   2) 추측 : 하강조
   3) 의심·놀람 : 하강조 + 소리의 폭이 넓다

4 考えてみよう 생각해 봅시다

인토네이션의 형태는 다음과 같습니다.

① 상승조 (의문·확인·의견 구함 등)
② 하강조 (부정·추측 등)
③ 펑소 (통징 등)

위의 인토네이션의 형태에 다음의 음성적인 특징이 추가됩니다.

① 소리의 길이가 길다.
② 소리의 폭이 넓다.

> **コラム 칼럼**
>
> 〔발음해 봅시다〕와 〔소리 내어 연습해 봅시다〕에서는 「～じゃない」「～でしょう」「～でしょうか」라는 표현 형식에 대해서 각각 세 가지의 표현 의도가 있음을 소개하고 연습했습니다. 문장 끝이 상승조인지 하강조인지가 중요한 포인트이지만 이야기하는 속도나 소리의 고저(高低)의 폭으로 상대에 대한 배려·정중함이나 놀람·기쁨 등의 정도를 표현할 수 있습니다.

応用練習 응용연습 1

1. そうですね
   1) 맞장구 : 하강조
   2) 확인 : 상승조
   3) 망설임 : 평조 + 소리의 길이가 길다

2. そうですか
   1) 양해 : 하강조
   2) 기쁨 : 하강조 + 소리의 폭이 넓다 (기쁨·상대에 대한 공감·배려가 클수록 소리의 길이가 길어진다.)
   3) 의문 : 상승조
   4) 망설임 : 상승조 + 소리의 길이가 길다
   5) 의외·놀람 : 하강조 + 소리의 폭이 넓다 ('6개월 만에 이렇게 능숙해지다니 믿을 수 없다'는 의심을 강조하면, 문장 끝의 인토네이션이 상승하기 때문에 하강상승조도 가능.)

応用練習 응용연습 2

친구와 여행하는데, 모두의 의견을 듣고 호텔을 예약한다는 가정하에, 반문(反問)의 인토네이션을 연습합니다.

일본어의 인토네이션에 있어서 반문하는 문장 끝에는 상승조 인토네이션이 사용되는데, 원래 단어의 악센트는 그대로 남습니다. 그리고 대답할 때에 「旅館? わたしはホテルのほうがいいです」라는 완전한 문장으로 할 말을 다 하는 것보다, 「旅館? わたしはホテルのほうが…」라고 말끝을 흐리는 것이 좋은 경우도 있습니다. 자신의 희망과 다른 희망을 가지고 있는 사람이 있을 때에 하강조 인토네이션으로 잘라 말하면 자신의 의견만을 주장하고 다른 사람의 희망에 대한 배려가 부족한 것 같은 인상을 주기 때문입니다. 또, 듣는 사람은 끝을 흐리는 억양을 듣고, 말하는 사람의 끝을 흐리는 의도를 헤아릴 수 있습니다.

또한, 「和室?」「ベッド?」처럼 상승조 인토네이션을 나타내기 위해 물음표를 사용하는 일도 있습니다.

❶ 和室わしつ / 洋室ようしつ

   Q 和室わしつがいい? 일본식 방이 좋아?
   A1 和室わしつ? うん、いいよ。 일본식 방? 응, 좋아.
   A2 和室わしつ? わたしは洋室ようしつのほうが…。
       일본식 방? 나는 서양식 방이…….

❷ ベッド / ふとん

   Q ベッドがいい? 침대가 좋아?
   A1 ベッド? うん、いいよ。 침대? 응, 좋아.
   A2 ベッド? わたしはふとんのほうが…。
       침대? 나는 이불이…….

❸ シャワーあり / シャワーなし

   Q 部屋へやにシャワーが要いる? 방에 샤워기 필요해?
   A1 シャワー? うん、あったほうがいい。
       샤워기? 응, 있는 편이 좋아.
   B2 シャワー? わたしはなくても(いい)…。
       샤워기? 나는 없어도……(괜찮아).

❹ 温泉おんせんは好すき / 温泉おんせんは好すきじゃない

   Q 温泉おんせんは好すき? 온천은 좋아해?
   A1 温泉おんせん? うん、好すき。 온천? 응, 좋아해.
   B2 温泉おんせん? わたしはあまり(好すきじゃない)…。
       온천? 나는 별로 (좋아하지 않아)…….

❺ 和食わしょく / 洋食ようしょく

   Q 食事しょくじは和食わしょくでいい?
       식사는 일본식으로 할까?
   A1 和食わしょく? うん、いいよ。 일본식? 응, 좋아.
   B2 和食わしょく? わたしは洋食ようしょくのほうが…。
       일본식? 나는 서양식이…….

❻ 予算よさんは10,000円以下 / 10,000円以上

   Q 予算よさんは10,000円以上いじょうでもいい?
       예산은 10,000엔 이상으로 괜찮아?
   A1 予算よさんは10,000えん以上いじょう? うん、いいよ。
       예산은 10,000엔 이상? 응, 좋아.
   B2 予算よさんは10,000えん以上いじょう? わたしは10,000円えん以下いかのほうが…。
       예산은 10,000엔 이상? 나는 10,000엔 이하가…….

또한 「いちまんえん」의 발음이 「いちまんねん」이 되는 경우는 12과를 참조하세요.

タスク 과제

❶ (うちで 집에서)

子こども   ケーキ作つくったんだけど、ちょっと食たべてみて。
           케이크 만들었는데, 좀 먹어 봐요.

母親ははおや あら、意外いがいとおいしいじゃない。↘
              어머, 의외로 맛있잖아.

子こども   わたしも料理りょうりが上手じょうずになったでしょう。↗
           나도 요리 솜씨가 좋아졌지요?

「あら、意外いがいとおいしいじゃない。」의 인토네이션은 '의외・놀람'을 표현하는 경우는 하강조이지만, 당신 자신도 그렇게 생각하죠? 하고 상대방의 동의를 구하는 경우(의견 구함)는 상승조가 됩니다. 후자를 문자로 나타내는 경우는 「あら、意外いがいとおいしいじゃない?」처럼 물음표를 붙일 수 있는데, 음성 표현의 경우는 인토네이션으로 차이를 나타냅니다.

❷ (研究室けんきゅうしつで 연구실에서)
学生がくせい　すみません、今いま、ちょっとよろしいでしょうか。↘
　　　　　　죄송합니다, 지금 좀 괜찮을까요?
先生せんせい　はい。何なにか。　예, 무슨 일이지?

❸ (会社かいしゃで 회사에서)
会社員1　あしたの夜よる、ちょっと飲のみに行いかない?　내일 밤, 잠깐 마시러 안 갈래요?
会社員2　そうですね。あしたはちょっと…。→
　　　　　あさってなら大丈夫だいじょうぶですが。
　　　　　글쎄요. 내일은 좀…. 모레라면 괜찮은데.

❹ (大学だいがくで 회사에서)
学生1　新あたらしい部屋へや、きれい?
　　　　새 방, 깨끗해?
学生2　あまりきれいじゃない。↘
　　　　그다지 깨끗하지 않아.

❺ (会社かいしゃで 회사에서)
会社員1　仕事しごとが終おわってから、松本まつもとさんもいっしょに食事しょくじに行いくでしょう?　↗ 일이 끝나고 나서 마츠모토 씨도 함께 식사하러 가실 거죠?
会社員2　あ、ごめんなさい。今晩こんばんは友達ともだちが来ることになってるから、また今度こんど。　아, 죄송합니다. 오늘밤은 친구가 오기로 되어 있어서, 다음에.

❻ (カラオケ・バで 노래방에서)
部下ぶか　歌うたがお上手じょうずですね。
　　　　노래를 잘하시는군요.
上司じょうし　いや、実じつは、カラオケに来たのは始はじめてなんだよ。
　　　　　아냐, 실은 노래방에 처음 왔어.
部下ぶか　そうですか。↘　그렇습니까?

2. 이 과에서 학습한 표현을 사용한 회화를 녹음합니다. 대본을 보지 않고 녹음하도록 합니다.

학 습 포 인 트

일본어 학습자는 특히 초급 수준에서 「～じゃない」는 곧 '부정'이라고 생각하기 쉽습니다. 그러나 실제는 상승조 인토네이션으로 발음하면 상대방의 동조・의견을 구하는 뜻이 됩니다. 또, 「～か」는 처음에 의문문으로서 다루어지기 때문에 항상 상승조 인토네이션이라고 생각하기 쉽지만, 하강조 인토네이션을 동반하는 「～でしょうか」도 자주 사용되고 있습니다. 이 과에서는 「～じゃない」「～でしょう」「～でしょうか」에 대해 연습하고, 화자가 전하고 싶은 기분을 다양한 인토네이션으로 표현하는 것을 배웁니다.

인토네이션은 문맥으로 연습할 수 있습니다. 여기에서는 대표적인 것을 다루었는데, 조언할 때 사용되는 「～したほうがいいんじゃない」도 상승조 인토네이션입니다.

〔발음해 봅시다〕에서는 우선 단문부터 발음 연습을 시작하므로, 음성을 듣고 반복하는 형식을 취했습니다. 여기에서는 단문만 제시되어 내용의 흐름으로 이어지지 않지만, 다음의 〔소리 내어 연습해 봅시다〕에서는 대화문이 주어져 있으므로, 여기에서 회화 연습을 하여, 화자의 표현 의도를 이해하도록 합니다.

〔응용연습1〕 문제 2. ❺의 「そうですか」는 하강조로 소리의 폭이 넓은 '의외・놀람'의 인토네이션인데, 이러한 인토네이션을 사용함으로써 6개월밖에 공부하지 않았다는 것을 의심할 만큼 상대방의 실력이 뛰어나다고 생각하는 것을 전달하는, '칭찬'이라는 기능을 수행했다고 할 수 있습니다. 또, '6개월만에 이렇게 능숙해진다고는 믿을 수 없다'는 의심을 강조하면, 문장 끝의 인토네이션이 상승하므로 하강상승조도 있을 수 있겠지요.
〔과제〕 문제 1. ❻의 상사와 부하의 대화에서도 이와 같은 인토네이션이 사용되고 있습니다.

게다가 자신은 1년 공부했는데 상대방처럼 능숙해지지 않은 경우, '나는 전혀 안 늘었는데, 6개월만에 이렇게 능숙해지는 사람도 있는 거야?' 라는 '낙담'의 의미를 담는 경우도 있겠죠. 이 경우는 평조(平調)의 인토네이션이 됩니다. 이런 예처럼 인토네이션은 커뮤니케이션에 있어서 매우 복잡한 역할을 하고 있습니다.

제10과 | 자기소개 표현의 인토네이션

목적
- 문장의 구조를 생각하면서 발음할 수 있도록 한다.
- 포즈를 효과적으로 사용할 수 있도록 한다.
- ヘ자형 인토네이션을 의식해서 발음할 수 있도록 한다.

1 聞いてみよう 들어 봅시다

❶ b   ❷ b   ❸ a   ❹ a
❺ b   ❻ b   ❼ a   ❽ b

악센트, 인토네이션, 포즈 등이 다른 발음을 듣고, 어느 것이 일본어를 모국어로 하는 화자가 알아듣기 쉽고, 주어진 문장의 의미대로 해석할 수 있는 발음인지를 판단합니다.

2 発音してみよう 발음해 봅시다

자기소개를 읽고, 녹음한 음성을 듣습니다. 여기에서는 포즈의 삽입 위치나 길이, 악센트나 인토네이션 등의 운율의 특징이 부자연스러워 의미의 연결을 파악하기 어려운 점을 체크해 두는 것이 좋습니다.

3 声に出して練習しよう 소리 내어 연습해 봅시다

우선, 손을 좌우로 움직이면서 리듬 연습을 합니다. 처음은 2박을 하나로 해서, 천천히 발음합니다. 그 다음에 의미가 끊어진 곳을 의식해서 발음합니다. 이름의 철자를 발음하는 경우 원어의 발음이 아니라, 일본어 발음으로 박과 리듬을 의식합니다. (→ 제1과, 제2과 참고).

4 考えてみよう 생각해 봅시다

1. 음성적인 측면에서는 천천히, 분명하게 발음하도록 연습하세요. 또, 로마자로 자기 이름의 철자를 설명할 때는 [소리 내어 연습해 봅시다]의 문제 3. 「A~Z의 발음」을 사용하면, 듣는 사람이 이해하기 쉬워지겠지요.

2. 의미적인 측면에서 자신의 이름을 의미와 결부시켜 인상에 남는 자기소개를 할 수 있습니다. 예를 참고로 하여 자기소개 방법을 생각합니다.

コラム 칼럼

일본어의 인토네이션은 「ヘ자형 인토네이션」이라고 합니다. 문장의 처음에서 문장 끝에 걸쳐 소리의 높이가 내려갑니다. 문장 안에서 강조하고 싶은 말이 있으면 음조가 높아집니다.

단어의 악센트에 따라 전체의 인토네이션이 변하므로 여기에서는 어디까지나 자연스러운 발음을 이미지화하는 수단으로서 ヘ자형 인토네이션을 이용하고 있습니다.

불필요한 소리의 오르내림이 두드러지는 학습자의 발음은 듣는 사람에게 자연스럽게 전달되기 어렵습니다.

応用練習 응용연습 1

복합 표현의 발음 연습입니다. 두 개 이상의 낱말을 사용한 복합적인 표현은 하나로 묶어서 발음합니다. 학습자의 발음 중에는 소리의 오르내림이 두드러지거나 (예 : 食べてみる, 또는 食べてみる), 의미 경계에 불필요한 포즈가 들어가서 이해하기 어려울 때가 많습니다. 다음과 같이 발음합니다. (예 : 食べてみる)

❶ たべてみて
❷ したしみやすい
❸ きにいっています
❹ やくにたつ

「間違いに気がつく」 등의 표현도 마찬가지입니다.

きがつく

応用練習 응용연습 2

문제 1. 2.는 문장 구조와 발음 연습입니다. 【 】로 표시한 부분은 명사를 수식하는 구조이므로, 한 단어로 발음하고, 포즈를 길게 넣지 않는 편이 자연스럽습니다. 또 바로 뒤에 오는 조사는 앞 단어와 함께 발음하고, 끊어서 발음하지 않도록 합니다. 제11과에서 문장 구조와 발음, 포즈의 위치에 따른 의미의 차이에 대해 좀 더 상세히 연습하겠습니다.

문제 3.에서는 포즈의 위치와 길이를 생각해서 보다 알아듣기 쉬운 자기소개를 합니다. 원칙적으로 「。」가 있는 곳에서는 「、」 보다 약간 긴 포즈를 넣으면 좋겠죠. 포즈의 길이를 ●의 숫자로 표시하고 있습니다. ●는 짧은 포즈, ●●는 긴 포즈입니다.

タスク 과제

이 과제에서는 자기소개문을 쓰고, 문장 구조와 포즈의 길이 및 삽입 위치에 주의하여 발음 연습을 합니다. 자기소개는 해 본 경험이 있겠지만, 발음에 초점을 맞춰 연습하는 것은 처음인 학습자도 많을 것입니다. 중급 수준 이상의 경우는 단문(短文)만이 아니라 복문(複文)을 섞은 다소 복잡한 수식 구조를 포함하는 자기소개문으로 합니다. 통째로 문장을 외워서 빨리 발음하는 것이 인상적인 자기소개라고는 할 수 없습니다. 듣는 사람의 반응을 보면서 포즈도 능숙하게 사용하도록 연습하세요.

학습포인트

문법과 음성은 밀접한 관계가 있습니다. 중급 수준이 되면 문장의 구조가 복잡해집니다. 문어(文語)에서는 구두점이나 행을 바꿈으로써 나타낼 수 있지만, 구어(口語)에서는 일본어의 음성적 특징을 잘 파악한 후 이해하기 쉬운 발음을 해야 합니다. 자기소개를 할 기회는 있지만, 음성적인 측면에 초점을 두어 연습할 기회는 잘 없습니다.

이 과에서는 듣는 사람에게 보다 알아듣기 쉬운 발음을 목표로, 암기할 때까지 연습하세요. 일반적으로 자기소개는 쓴 것을 읽는 것이 아니라 구두(口頭)로 이루어지기 때문입니다.

❸ 鈴木すずきさんは来月らいげつニューヨークに留学りゅうがくするそうですよ。
　　스즈키 씨는 다음 달 뉴욕으로 유학을 간다고 합니다.
❹ 東京駅とうきょうえきのすぐそばに温泉おんせんがあるんですよ。　도쿄역 바로 옆에 온천이 있습니다.
❺ 隣となりにきれいな姉あねと妹いもうとが住すんでいます。
　　이웃에 예쁜 언니와 여동생이 살고 있습니다.
❻ お兄にいさんは一生懸命いっしょうけんめい勉強べんきょう
　　↑　　　　　　↑　　　　　　↑
　　する弟おとうとを手伝てつだいました。
　　형은 열심히 공부하는 남동생을 도와주었습니다.
❼ 母ははが焼やいたばかりのケーキを食たべてしまいました。
　　↑　　　　　↑　　　　　↑
　　엄마가 방금 구운 케이크를 먹어버렸습니다.
❽ 今日は難しい試験しけんと面接めんせつがありました。
　　　　　　　↑　　　　　　↑
　　오늘은 어려운 시험과 면접이 있었습니다.

제11과 | 감정 · 의도를 전하는 화법

목적
- 생각이나 기분을 전하는 발음의 특징에 대해 배운다.
- 문장 구조와 포즈와의 관계에 대해 생각하면서 발음한다.
- 포커스나 강조 부분이 어떻게 발음되는가를 익힌다.
- 끝을 흐리는 말의 인토네이션을 사용할 수 있도록 한다.

---

2 発音してみよう 발음해 봅시다

〔들어 봅시다〕에서는 발음이 다른 두 문장을 구별하는 연습을 했는데, 여기에서는 의미의 차이가 있습니다.

예 1과 문제 ❶~❹는 문장 안의 포커스가 놓여진 낱말이 높게 발음됩니다. 말하는 이가 포커스를 두고 싶은 말을 높게 발음하면 듣는 사람은 그 말에 강세가 있다고 이해합니다. 소리의 높이가 높아짐과 동시에 크기도 커집니다.

예 2와 문제 ❺~❽은 애매한 문장인데, 포즈의 삽입 위치와 음조에 따라 의미가 명확해집니다.

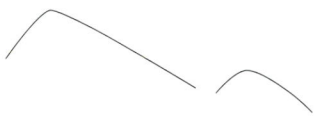
隣にきれいな姉と妹が　　住んでいます。

隣にきれいな姉と　　妹が住んでいます。

3 声に出して練習しよう 소리 내어 연습해 봅시다
A는 문장의 어떤 낱말에 초점을 두고 발음합니다. B는 강세의 위

---

1 聞いてみよう 들어 봅시다

- 발음의 방법에 따라 의미가 두 가지로 해석될 수 있는 문장이나 화자의 표현 의도가 다른 문장을 듣고, 그 발음의 차이에 대해 생각합니다. CD를 듣고, 두 문장의 발음이 다른 부분을 표시합니다.

〔들어 봅시다〕는 발음을 알아들을 수 있는지 여부를 체크하는 것이 목적이므로, 의미에 관한 설명과 연습은 〔발음해 봅시다〕에서 합니다.

- 예 1과 문제 ❶~❹는 문장 안에서의 포커스의 위치가 다르고, 예 2와 문제 ❺~❽은 애매한 문장의 의미와 포즈 및 인토네이션과의 관계에 관한 문제입니다.

❶ 次郎じろうは三朗さぶろうと北京ペキンに行いきました。
　　지로는 사부로와 북경에 갔습니다.
❷ 山田やまださんは毎晩まいばん10時じまで図書館としょかんで勉強べんきょうしているんですよ。
　　야마다 씨는 매일 밤 10시까지 도서관에서 공부합니다.

치에 주의하여, 적절한 답을 고릅니다. 다음의 예처럼 B가 강세가 놓여 있지 않은 낱말을 선택하면 대화가 굉장히 부자연스러워집니다.

A 東京とうきょうから京都きょうとまで新幹線しんかんせんで行いくといいですよ。
B 京都きょうとですよ。

4 考えてみよう 생각해 봅시다

소리의 높이, 포즈의 위치 등의 차이에 따라 의미가 달라지게 됩니다. 포커스가 있는 낱말은 높게 발음됩니다. 또, 의미상 하나로 통합된 부분은 한 단어로 발음되므로 포즈가 없습니다.

コラム 칼럼

보통 포즈는 문장의 구조나 의미상의 구조와 일치하는 장소에 삽입됩니다. 그러나 일본어 학습자(특히 초급 학습자)가 말하는 것을 들어 보면 일치하지 않을 때가 많고, 이것이 학습자의 이야기를 이해하기 어렵게 만듭니다. 예를 들면, 초급 학습자는 종종 명사를 발음한 다음 포즈를 넣고, 그 후 조사를 발음하는데, 일본어에서는 앞의 명사와 조사를 함께 발음해야만 알아 듣기 쉬운 발음이 됩니다. 포즈를 넣을 경우에는 조사의 앞이 아니라 뒤에 넣으세요.

応用練習 응용연습 1

포즈를 능숙하게 사용함으로써, 말하는 사람이 전하려는 내용을 보다 알아듣기 쉬운 발음으로 전달할 수 있습니다. 여기에서는 애매한 문장에 포즈를 넣어서 명확하게 하는 연습을 합니다.

1.
❶ 川村かわむらさんは ● 一生懸命いっしょうけんめい掃除そうじをする兄あにを手伝てつだいました。
가와무라 씨는 열심히 청소하는 형을 도왔습니다.(형은 열심히 청소했습니다.)

❷ 川村かわむらさんは一生懸命いっしょうけんめい ● 掃除そうじをする兄あにを手伝てつだいました。
가와무라 씨는 열심히 청소하는 형을 도왔습니다.(가와무라 씨는 열심히 도왔습니다.)

2.
❶ 妹いもうとが ● 作つくったばかりのご飯はんを食たべてしまいました。 내가 이제 막 지은 밥을 여동생이 먹어버렸습니다.

❷ 妹いもうとが作つくったばかりのご飯はんを ● 食たべてしまいました。
여동생이 방금 지은 밥을 내가 먹어버렸습니다.

3.
❶ 入学にゅうがくするためには ● 難むずかしい試験しけんと面接めんせつを受うけなければなりません。
입학하기 위해서는 어려운 시험과 면접을 봐야 합니다.(면접과 시험이 어렵습니다.)

❷ 入学にゅうがくするためには難むずかしい試験しけんと ● 面接めんせつを受うけなければなりません。
입학하기 위해서는 어려운 시험과 면접을 봐야 합니다.(시험만 어렵습니다.)

応用練習 응용연습 2

1. 의미를 강조하는 것에 의해 일어나는 발음의 변화 연습입니다. 촉음화・장음화・발음화 모두가 일어나는 경우도 있습니다. (예: すごく → すっごく・すごおく・すんごく). 강조해서 악센트를 틀리게 발음하는 경우도 있으니 주의합니다. (とっても X).

❶ すごく → すっごく
❷ ぜんぜん → ぜんっぜん
❸ やっぱり → やあっぱり

2. 롤플레이를 사용하여 발음 연습을 합니다.

❶ A : あ、田中たなかさん、おはよう。
　　　아, 다나카 씨, 안녕.
　B : タンさん、おはよう。 탄 씨, 안녕.
　A : 昨日きのうは、どうもありがとう。とっても楽たのしかった。 어제는 정말 고마웠어. 정말 즐거웠어.
　B : そう、よかった。 그래? 잘 됐네.
　A : 田中たなかさん、料理りょうりがすっごく上手じょうずだね♂ / 上手じょうずね♀。おいしかった。
　　　다나카 씨, 요리 솜씨가 대단하던걸. 맛있었어.
　B : ううん。また、遊あそびに来きてよ。
　　　아니야. 또 놀러 와.

❷ A : キムさん、テストどうだった? 김 씨, 시험은 어땠어?
　B : すっごく難むずかしかった。 너무 어려웠어.
　A : ぼくも♂ / わたしも♀ぜんっぜんできなかった。
　　　나도 전혀 못했어.
　B : もっと勉強べんきょうしとけばよかったなあ。
　　　좀더 공부해 둘 걸 그랬지.
　A : やあっぱり、先生せんせい、厳きびしいよね。
　　　역시, 선생님 너무 심해서.
　B : うん。 응.

応用練習 응용연습 3

문자로는 같아도 발음의 방식에 따라 다음에 이어지는 문장이 달라지는 예를 들고, 적절한 음성 표현 연습을 합니다. 자신의 의도가 듣는 사람에게 바르게 전달되도록 주의해서 발음합니다. 또, 여기에서는 끝을 흐리는 표현의 음성 연습도 할 수 있습니다. 문자로 했을 때는 「…。」라고 쓸 수 있지만, 구어에서는 음성으로 나타낼 필요가 있습니다. 「…。」에 해당하는 부분의 발음은 문장 끝이 생략되거나 문장 끝의 대화 속도가 느려지거나 소리가 작아지는 특징이 있습니다.

문법적으로 완전한 문장을 만들어 암기하면 말의 속도는 빨라지겠지만, 반드시 그것이 적절하다고 할 수 없습니다. 경우에 따라서는 불완전한 문장이나 망설임을 포함한 대화가 커뮤니케이션을 원활하게 하는 경우도 있습니다.

〔응용연습3〕에서는 손윗사람에게 말하기 어려운 것을 먼저 이야기하는 설정으로 롤플레이를 합니다. 대화 속도, 인토네이션, 소리의 크기 등으로 적절한 음성 표현을 할 수 있는지 여부에 중점을 두고 연습합니다.

학습자의 발음 중에는 「あのう、金曜日のゼミのことな<u>ん</u>ですが。」、「武田さん、ちょっとお話ししたいことがあ<u>る</u>んですが。」처럼 악센트가 부자연스러운 예도 많습니다.

1.
   A : 先生せんせい、今いまちょっとよろしいでしょうか。
      선생님, 지금 잠시 괜찮으세요?
   B : あ、チャンさん、おはよう。
      아, 찬 씨, 안녕.
   A : あのう、金曜日きんようびのゼミのことなんですが。
      저, 금요일 세미나 말인데요.
   B : はい。　응.
   A : 実じつは、急きゅうに国くにの両親りょうしんが来くることになりまして…。
      실은 갑자기 고향에서 부모님이 오시기로 해서……。
   B : ええ。　그래?
   A : 申もうし訳わけありませんが、休やすませていただきたいんです。　죄송합니다만, 세미나에 참석하지 않으면 합니다.
   B : 仕方しかたがありませんね。　어쩔 수 없지.
   A : わたしが発表はっぴょうすることになっているんですが、来週らいしゅうにしていただけないでしょうか。
      제가 발표하기로 되어 있는데, 다음 주에 하면 안 될까요?
   B : 分わかりました。　알았어요.
   A : どうもありがとうございました。
      정말 감사합니다.

2.
   A : 武田たけださん。ちょっとお話ししたいことがあるんですが。　다케다 씨, 잠깐 얘기 좀 하고 싶은데요?
   B : 何なんですか。　무슨 일입니까?

A : あのう、最近忙さいきんいそがしくてあまり勉強べんきょうする時間じかんもないんです。　저, 요즘 바빠서 공부할 시간이 거의 없어요.
B : それは大変たいへんですね。　그것 참 힘들겠군요.
A : アルバイトも大切たいせつなので、続つづけていきたいですが、週3日みっかはかなり大変で…。
   아르바이트도 중요해서 계속하고 싶습니다만, 1주일에 3일은 꽤 힘들어서……。
B : 分わかりました。　알겠습니다.
A : どうもありがとうございます。　대단히 감사합니다.

タスク 과제

제10과에서는 자기소개문을 녹음했는데, 이 과에서는 '삶에서 제일 인상에 남았던 일'이라는 주제로 스피치를 합니다. 강조하고 싶은 말이 몇 개 있을 것입니다. 이 과에서 연습했듯이 강조할 부분의 발음 방법에 대해서도 생각합니다. 또, 문장 구조, 인토네이션, 포즈 등도 제10과에서 학습한 것을 응용하도록 합니다. 마지막으로 원고를 될 수 있는 한 보지 않고 녹음하도록 하세요.

학 습 포 인 트

단음(単音) 수준의 발음 연습만이 아니라 인토네이션, 포즈, 강조, 발화 속도, 소리의 크기 등을 총괄적으로 보고, 감정・의도가 전해지는 발음인지에 중점을 두고 있습니다.

잠 시 쉬 어 가 기

「早口はやくちことば」는 일본인에게도 어려운 말놀이인데, 도전해 봅시다. 요음(예 : 赤あかパジャマ黄きパジャマ茶ちゃパジャマ)이나 비음(예 : 生麦生米生卵なまむぎなまごめなまたまご) 등, 같은 성질의 음이 계속되는 경우에 발음하기가 어렵습니다. 처음에는 천천히 한 번 발음합니다만, 잘 하게 되면 이야기의 속도를 빨리 하거나 3회 이어서 발음하거나 하면서 변화를 주면 좋습니다.

제12부 특히 한국인이 잘 틀리는 발음

목적
- 청탁음 발음을 구별할 수 있도록 한다.
- 「つ」 발음을 할 수 있도록 한다.
- 행 발음을 할 수 있도록 한다.
- 「ん」 발음을 할 수 있도록 한다.
- 한국어와 일본어에 있는 외래어 발음의 차이를 배운다.

1 청음과 탁음의 발음

한국인에게서 나타나는 발음 문제의 원인은 다음과 같습니다.

일본어	무성음(청음) [t], 유성음(탁음) [d]
한국어	평음(平音) [t] ~ [d], 격음(激音) [tʰ], 농음(濃音) [t']

한국어의 평음(무기음(無気音))은 어중(語中)에서 유성음화하고, 어두(語頭)에서 무성음화합니다. 이 때문에 한국인의 일본어 발음은 청음을 한국어의 평음으로 대용한 경우, 어중(語中)에서 유성화하여 「あたま」가 「あだま」처럼 발음되는 경우가 있습니다.

또, 격음(무성유기음(無声有気音))은 이와 같은 환경에서도 유성음화하지 않기 때문에 평음이 아니라 격음의 내쉬는 숨을 약하게 발음하는 방법을 사용하여 연습하도록 합니다. 농음(무성무기음(無声無気音))은 후두의 긴장을 수반하기 때문에 청음을 농음(濃音)으로 대용하면 어중(語中)에서 촉음이 삽입된 것처럼 들리므로 주의합니다.

어두(語頭)의 유성음 발음은 제8과를 사용하여 즐겁게 청탁음의 발음 연습을 할 수 있습니다.

2 「つ」의 발음

「つ」 발음은 한국인에게는 어려운 발음이라고 알려져 있습니다. 「ひとつ, ふたつ」가 「ひとちゅ, ふたちゅ」라고 발음되는 경우, 의미를 잘못 이해할 가능성은 낮지만, 유아의 발음과 비슷하기 때문에 어린애같다는 인상을 줄 수 있습니다.

(1)	(2)	(3)
으	우	유

음절 안에 나타나는 순서에 따르면, 자음 다음에 모음의 순이지만, 모음은 음절의 핵이 되기 때문에 원칙적으로 모음부터 확인하고 시작하면 좋겠지요. 일본어의 「う」와 비슷한 한국어의 모음은 표 (1)과 (2)이고, (3)은 「ゆ」에 가까운 음입니다. 한국어의 (2)는 알파벳의 u로 나타내기 때문에 일본어의 「う」를 (2)로 대용하는 경우가 많은데, (2)는 입술을 둥글게 하고, 조금 내밀어 발음하는 음(원순음(圓盾音))이기 때문에 이 모음이 「ちゅ」같은 발음을 강조할 우려가 있습니다. 일본어의 「う」는 오히려 (1)에 가까운 음이라는 것을 알아둡시다. 단, (1)은 입술을 긴장시켜 옆으로 잡아당기듯이 발음하는 음이고, 일본어의 「う」는 이러한 긴장은 수반하지 않습니다. 이 때문에 입술에 힘을 넣지 말고, 편안하게 (부드럽게 미소 짓듯이) 발음하도록 합니다.

다음에 자음 연습을 합니다.

(4)	(5)	(6)
쓰	쯔	츠

(4)부터 (6)의 발음을 해 보면 (4)는 「す」에 가까운 발음이라는 것을 알 수 있습니다. (5)와 (6)은 모두 일본어의 「つ」와는 다르지만, (5)보다 (6) 쪽이 내쉬는 숨이 강하게 들립니다.

한국어에는 일본어의 「つ」와 같은 자음은 없지만, (5)와 (6) 사이의 발음을 해 보면, 곧바로 자연스러운 「つ」 발음을 하게 됩니다.

이 방법으로 잘 되지 않을 때는 한국어에는 「す」에 가까운 마찰음의 (4)가 있고, 조음점(調音点)이 같은 것을 이용하여, 파찰음인 일본어 「つ」를 이끌어내는 연습을 합니다. 「す つ す つ」하고 번갈아서 연습하는 것은 이 때문입니다.

우선, (4)를 발음하고, 혀가 잇몸에 닿지 않는 것을 확인합니다. 다음에, 「つ」가 혀가 잇몸에 닿는 음이라는 것을 인식합니다. 말로 이해하기 어려운 경우에는 손을 이용해 이미지화하면 좋습니다. 오른손을 구개(口蓋)(움직이지 않는다), 왼손을 혀(움직인다)에 비유하여, 「つ」는 왼손 손가락 끝이 오른손 끝에 닿듯이 발음되는 것을 나타냅니다.

한편, 한국어의 (4)나 일본어의 「す」의 발음은 왼손 손가락 끝이 오른손 끝에 다가와 마찰을 일으키지만, 닿는 일은 없습니다.

3 ザ행의 발음

한국인은 「ざ・ず・ぜ・ぞ」를 「じゃ(자)・じゅ(주)・じぇ(제)・じょ(조)」처럼 발음하는 경우가 많습니다. 이것은 ザ행을 「자・주・제・조」로 대용하는 것이 원인입니다. 한국어에는 [z]음은 없지만 [s]음이 있으므로 우선 [s]음의 조음점을 확인하고, 같은 곳에서 유성음을 발음하도록 유도합니다. 「さ ざ さ ざ」하고 교대로 발음을 연습하는 것은 이 때문입니다.

4 「ん」의 발음

한국인의 발음은 환경에 따라 변화합니다. 이 음변화에 의해 「ん」 발음이 모국어의 영향을 받는 경우가 있습니다. 예를 들면, 「禁煙 きんえん」이 「近年 きんねん」 혹은 「記念 きねん」처럼 발음됩니다. 이것은 제1음절의 음절 끝 자음(받침)이 제2음절에 연음(連音)되는 것이 원인입니다. 또, ㄹ(l)앞의 「ㄴ」은 ㄹ로 변화하는 것 때문에, 「信頼」의 「ん」이 「ㄹ」처럼 발음됩니다.

한국어의 음변화　ㄴ(n) + ㄹ(l) → ㄹ(l) + ㄹ(l)

「ん」에서는 1박의 길이로 발음합니다. 이것은 리듬을 이용해 연습하면 효과적입니다. 리듬에 대해서는 제2과 〔소리 내어 연습해 봅시다〕를 참고해 주세요.

5 가타카나 단어의 발음

일본어에도 영어에서 온 외래어가 많이 사용되고 있는데, 한국어의 외래어와는 발음이 다른 경우가 많습니다. 예를 들면 「アップル」는 「애플」에 가까운 발음이 됩니다. 그 외에도 「サラダ(salad)」가 「샐러드」, 「サンダル(sandal)」가 「샌들」이 됩니다.

이와 같이 모음의 차이에 따라 달라지는 점도 있지만, 한국어에서는 영어의 [f] 발음이 「ㅍ」로 대체되는 반면, 일본어는 그렇지 않다는 차이점이 있습니다. 「커피(coffee)」, 「포크(fork)」가 일본인에게는 「コピー(copy)」, 「ポーク(pork)」처럼 들려, 단어의 의미가 달라지므로 주의해야 합니다.

스크립트

スクリプト

일본어 발음 레슨 스크립트

제1과 | 일본어의 음

1 聞いてみよう 들어 봅시다

예) し　　a. ち　　b. し　　c. す　　d. つ
1. ち　　a. じ　　b. し　　c. ぢ　　d. ち
2. ら　　a. だ　　b. ら　　c. な　　d. た
3. ぎゅう　a. ぎゅ　b. きゅ　c. ぎゅう　d. きゅう
4. ぞう　a. じょ　b. ぞ　　c. じょう　d. ぞう
5. フォ　a. フォ　b. フォー　c. ホ　　d. ウォ
6. じゅ　a. ちゅ　b. しゅ　c. す　　d. じゅ
7. パー　a. パン　b. バン　c. パー　d. バー
8. ウォー　a. オー　b. ウォー　c. ウー　d. ウォ

2 発音してみよう 발음해 봅시다

1. 기본음

あ	ア	い	イ	う	ウ	え	エ	お	オ
か	カ	き	キ	く	ク	け	ケ	こ	コ
さ	サ	し	シ	す	ス	せ	セ	そ	ソ
た	タ	ち	チ	つ	ツ	て	テ	と	ト
な	ナ	に	ニ	ぬ	ヌ	ね	ネ	の	ノ
は	ハ	ひ	ヒ	ふ	フ	へ	ヘ	ほ	ホ
ま	マ	み	ミ	む	ム	め	メ	も	モ
や	ヤ			ゆ	ユ			よ	ヨ
ら	ラ	り	リ	る	ル	れ	レ	ろ	ロ
わ	ワ							を	ヲ
ん	ン								

2. 탁음과 반탁음

が	ガ	ぎ	ギ	ぐ	グ	げ	ゲ	ご	ゴ
ざ	ザ	じ	ジ	ず	ズ	ぜ	ゼ	ぞ	ゾ
だ	ダ	ぢ	ヂ	づ	ヅ	で	デ	ど	ド
ば	バ	び	ビ	ぶ	ブ	べ	ベ	ぼ	ボ
ぱ	パ	ぴ	ピ	ぷ	プ	ぺ	ペ	ぽ	ポ

3. 요음

きゃ	キャ	きゅ	キュ	きょ	キョ
しゃ	シャ	しゅ	シュ	しょ	ショ
ちゃ	チャ	ちゅ	チュ	ちょ	チョ
にゃ	ニャ	にゅ	ニュ	にょ	ニョ
ひゃ	ヒャ	ひゅ	ヒュ	ひょ	ヒョ
みゃ	ミャ	みゅ	ミュ	みょ	ミョ
りゃ	リャ	りゅ	リュ	りょ	リョ

ぎゃ	ギャ	ぎゅ	ギュ	ぎょ	ギョ
じゃ	ジャ	じゅ	ジュ	じょ	ジョ
びゃ	ビャ	びゅ	ビュ	びょ	ビョ
ぴゃ	ピャ	ぴゅ	ピュ	ぴょ	ピョ

4. 가타카나 단어의 음

クァ	クィ		クェ	クォ
			シェ	
	スィ			
			チェ	
ツァ	ツィ		ツェ	ツォ
	ティ	テュ		
		トゥ		
			ヒェ	

ア	イ	ウ	エ	オ
ファ			フェ	フォ
	フィ	フュ		
			イェ	
	ウィ		ウェ	ウォ
グァ				
			ジェ	
	ディ	デュ		
		ドゥ		
ヴァ		ヴ	ヴェ	ヴォ
	ヴィ	ヴュ		

3 声に出して練習しよう 소리내어 연습해 봅시다

1.
❶ 開国かいこく 개국　　外国がいこく 외국
❷ 退学たいがく 퇴학　　大学だいがく 대학
❸ 天気てんき 날씨　　電気でんき 전기

2.
❶ 病院びょういん 병원　　美容院びよういん 미용실
❷ 十じゅう 10　　自由じゆう 자유
❸ 百ひゃく 100　　飛躍ひやく 비약

3.
❶ ビル 빌딩　　ビール 맥주
❷ 輸送ゆそう 수송　　郵送ゆうそう 우송
❸ 過去かこ 과거　　加工かこう 가공

4.
❶ 坂さか 언덕　　作家さっか 작가
❷ 意見いけん 의견　　一軒いっけん 한 채
❸ 音おと 소리　　夫おっと 남편

5.
❶ 親愛しんあい 친애　　市内しない 시내
❷ 千円せんえん 천엔　　千年せんねん 천년
❸ 禁煙きんえん 금연　　近年きんねん 근년

応用練習 응용연습1

1.
❶ 映画えいが 영화　　❷ 先生せんせい 선생님
❸ 東京とうきょう 도쿄　　❹ 弟おとうと 남동생

2.
❶ 弟おとうとと映画えいがに行いきました。
　남동생과 영화를 보러 갔습니다.
❷ 東京とうきょうと大阪おおさかではどちらが好すきですか。　도쿄와 오사카 중 어느 쪽이 좋습니까?
❸ 妹いもうとに時計とけいをあげました。
　여동생에게 시계를 주었습니다.
❹ 英語えいごの先生せんせいになりたいです。
　영어 선생님이 되고 싶습니다.

3.
❶ 切符きっぷ 표　　❷ 切きって 우표
❸ 1階いっかい 1층　　❹ 雑誌ざっし 잡지

4.
❶ もっと切きってください。　좀 더 잘라 주세요.
❷ とってもびっくりしました。
　매우 깜짝 놀랐습니다.
❸ ちょっと喫茶店きっさてんで待まっていてください。　잠깐 커피숍에서 기다려 주세요.
❹ きっと切符きっぷを買かって持もってきます。
　꼭 표를 사 가지고 오겠습니다.

5.
❶ こんにちは　안녕하세요(낮 인사)
❷ こんばんは　안녕하세요(밤 인사)
❸ 日本語にほんご 일본어

❹ 本ほんを読よみます。　책을 읽습니다.

応用練習 응용연습2
❶ ファミリー　패밀리
❷ アフタヌーンティー　애프터눈티(오후의 차)
❸ ウィスキー　위스키
❹ フィーリング　필링
❺ フォーク　포크
❻ ウォークマン　워크맨
❼ ディズニーランド　디즈니랜드
❽ デュエット　듀엣
❾ ヴィーナス　비너스
❿ シェイク　셰이크

제2과 일본어의 리듬

1 聞いてみよう 들어 봅시다

㉑ ソウル　서울

❶ バンコク　방콕
❷ シャンハイ　상하이
❸ ニューヨーク　뉴욕
❹ フィリピン　필리핀
❺ マレーシア　말레이시아
❻ スウェーデン　스웨덴
❼ オーストリア　오스트리아
❽ オーストラリア　오스트레일리아

2 発音してみよう 발음해 봅시다

1.
❶ ソウル　서울　　❷ ローマ　로마
❸ インド　인도　　❹ ペキン　북경
❺ プサン　부산　　❻ ペルー　페루

2.
❶ シャンハイ　상하이　　❷ バンコク　방콕
❸ フィリピン　필리핀　　❹ フランス　프랑스
❺ オランダ　네덜란드　　❻ ネパール　네팔

3.
❶ ニューヨーク　뉴욕　　❷ スリランカ　스리랑카
❸ フィンランド　핀란드　　❹ マレーシア　말레이시아
❺ スウェーデン　스웨덴　　❻ プノンペン　프놈펜

4.
❶ オーストリア　오스트리아
❷ アルゼンチン　아르헨티나
❸ バングラデシュ　방글라데시
❹ アイルランド　아일랜드
❺ アイスランド　아이슬란드
❻ シンガポール　싱가포르

5.
❶ オーストラリア　오스트레일리아
❷ ニュージーランド　뉴질랜드
❸ ルクセンブルク　룩셈부르크

3 声に出して練習しよう 소리내어 연습해 봅시다
❶ おば・さん　　❷ お・ばあ・さん
❸ おじ・さん　　❹ お・じい・さん
❺ びょう・いん　❻ び・よう・いん

コラム 칼럼

㉑
❶ [こん・ばん・は]
❷ [こ・ん・ば・ん・は]

応用練習 응용연습1

例 03-2759-5452
ゼロさんの　にいななごうきゅうの　ごうよん
ごうにい

❶ 090-5232-0654
ゼロきゅうゼロの　ごうにいさんにいの　ゼロ
ろくごうよん

❷ 0298-53-7475
ゼロにいきゅうはちの　ごうさんの　ななよん
ななごう

❸ 045-255-9223
ゼロよんごうの　にいごうごうの　きゅうにい
にいさん

応用練習 응용연습2

例 火・木・土 かあ・もく・どう
❶ 月・火・水 げつ・かあ・すい
❷ 水・金・土 すい・きん・どう
❸ 火・水・土 かあ・すい・どう

제3과 | 하이쿠・센류의 리듬

1 聞いてみよう 들어 봅시다

例 こんにちは
❶ 制服せいふく
❷ 新学期しんがっき
❸ 連休れんきゅう
❹ お正月しょうがつ
❺ 除夜じょや
❻ 真まっ黒くろ
❼ バレンタイン
❽ チョコレート

2 発音してみよう 발음해 봅시다

❶ 古池ふるいけや　오래된 연못에
　蛙かわず飛とび込こむ　개구리 뛰어드니
　水みずの音おと　물소리 나는구나

❷ 閑しずかさや　고요함이여
　岩いわにしみ入いる　바위에 배어드는
　蝉せみの声こえ　매미 소리

3 声に出して練習しよう 소리내어 연습해 봅시다

1.
❶ 古池ふるいけや
❷ 水みずの音おと
❸ 閑しずかさや
❹ 蝉せみの声こえ

2.
❶ 蛙かわず飛とび込こむ
❷ 岩いわにしみ入いる

応用練習 응용연습1

例 もらうかな　バレンタインの　チョコレート
❶ 新あたらしい制服姿せいふくすがた似合にあう
かな
❷ 連休れんきゅうだどこへ行いっても人ひとの波
なみ
❸ 梅雨つゆが来きたなぜだかうちに傘かさ増ふえ
る
❹ 真まっ黒くろに焼やけた素肌すはだに海うみの
風かぜ
❺ 新学期しんがっきマスターするぞ日本語にほん
ごを
❻ 果物くだものや芋いも栗くりかぼちゃ秋あきの
顔かお
❼ 山々やまやまが赤あかや黄色きいろの服ふく着き
てる

応用練習 응용연습2

例 お正月しょうがつ気持きもち新あらたに
_____

① 着物きもの
② 神社じんじゃ
③ 初詣はつもうで

1. 桃もも の花はな きれいに咲さいて
_____

① 七夕たなばた
② 雛祭ひなまつり
③ 結婚式けっこんしき

2. 待まちきれぬ心こころわくわく
_____

① 夏休なつやすみ
② 旅行りょこう
③ キャンプ

3. _____ 心こころに響ひびく除夜じょやの鐘かね

① 元旦がんたん
② 大晦日おおみそか
③ 年末年始ねんまつねんし

제4과 회화체의 발음

1 聞いてみよう 들어 봅시다

例 食たべちゃった

① 飲のまなきゃ
② 買かっとく
③ 知しってる
④ 持もってて
⑤ 持もってって
⑥ 分わかんない

⑦ 食たべちゃおう
⑧ 買かったげる

2 発音してみよう 발음해 봅시다

例1 食たべちゃ → 食たべては
　　飲のんじゃ → 飲のんでは

例2 食たべちゃう → 食たべてしまう
　　飲のんじゃう → 飲のんでしまう

① 食たべなきゃ → 食たべなければ
　　飲のまなきゃ → 飲のまなければ

② 食たべなくちゃ → 食たべなくては
　　飲のまなくちゃ → 飲のまなくては

③ 食たべちゃおう → 食たべてしまおう
　　飲のんじゃおう → 飲のんでしまおう

④ 食たべてる → 食たべている
　　飲のんでる → 飲のんでいる

⑤ 食たべとく → 食たべておく
　　飲のんどく → 飲のんでおく

⑥ 食たべてて → 食たべていて
　　飲のんでて → 飲のんでいて

⑦ 食たべてって → 食たべていって
　　飲のんでって → 飲のんでいって

⑧ 食たべたげる → 食たべてあげる
　　飲のんだげる → 飲のんであげる

3 声に出して練習しよう 소리내어 연습해 봅시다

例1 お昼ひるご飯はん、食たべなきゃ。
　　→ お昼ひるご飯はん、食たべなければ。

例2 ここで泳およいじゃいけません。
　　→ ここで泳およいではいけません。

① 授業じゅぎょう、休やすんじゃおう。
　　→ 授業じゅぎょう、休やすんでしまおう。

② 安やすかったから、買かっちゃった。
　　→ 安やすかったから、買かってしまった。

❸ 早はやく起おきなきゃならない。
　→ 早はやく起おきなければならない。
❹ こんなに暑あつくちゃ、仕事しごとができない。
　→ こんなに暑あつくては、仕事しごとができない。
❺ こんなに静しずかじゃ、ちょっと怖こわいね。
　→ こんなに静しずかでは、ちょっと怖こわいね。
❻ 授業じゅぎょうは、楽たのしくなきゃ嫌いやだよ。
　→ 授業じゅぎょうは、楽たのしくなければ嫌いやだよ。
❼ そんなこと、分わかってる。
　→ そんなこと、分わかっている。
❽ さっきから、聞きいてたよ。
　→ さっきから、聞きいていたよ。
❾ バスが込こんでたね。
　→ バスが込こんでいたね。
❿ 映画館えいがかん、すいてたらいいけど。
　→ 映画館えいがかん、すいていたらいいけど。
⓫ このカメラ、持もってて。
　→ このカメラ、持もっていて。
⓬ このカメラ、持もってって。
　→ このカメラ、持もっていって。
⓭ 会社かいしゃまで歩あるいてく。
　→ 会社かいしゃまで歩あるいていく。
⓮ 冷つめたい物ものでも飲のんでく。
　→ 冷つめたい物ものでも飲のんでいく。
⓯ ここに置おいとくね。
　→ ここに置おいておくね。
⓰ 風邪かぜひかないように、薬くすり飲のんどこう。
　→ 風邪かぜひかないように、薬くすり飲のんでおこう。
⓱ プレゼントを買かったげる。
　→ プレゼントを買かってあげる。

⓲ こんなにたくさん食たべらんない。
　→ こんなにたくさん食たべられない。
⓳ 何なに言いったのか、分わかんなかった。
　→ 何なに言いったのか、分わからなかった。
⓴ あの映画えいがが見みたかったんです。
　→ あの映画えいがが見みたかったのです。

応用練習　응용연습1

그룹 1

1.
❶ お昼ひるご飯はん、食たべなきゃ。
점심밥 먹어야 돼.
❷ 早はやく起おきなきゃならない。
빨리 일어나지 않으면 안 된다.
❸ 授業じゅぎょうは楽たのしくなきゃ嫌いやだよ。
수업은 즐겁지 않으면 싫어.

2.
❶ ここで泳およいじゃいけません。
여기에서 수영하면 안 됩니다.
❷ こんなに暑あつくちゃ、仕事しごとができない。
이렇게 더워서는 일을 할 수가 없다.
❸ こんなに静しずかじゃ、ちょっと怖こわいね。
이렇게 조용하니까 좀 무섭네.
❹ 15歳さいじゃ、まだお酒さけは飲のめませんよ。
15세는 아직 술을 마실 수 없어요.
❺ やってみなくちゃ、分わかりません。
해 보지 않으면 알 수 없습니다.

3.
❶ 授業じゅぎょう、休やすんじゃおう。
수업, 쉬어 버리자.
❷ 安やすかったから、買かっちゃった。
값이 싸서 사 버렸다.
❸ 早はやく仕事しごと、終おわっちゃおうよ。
빨리 일 끝내 버리자.

グループ2

1.

❶ そんなこと、分かってる。　그런 거 알고 있어.

❷ さっきから、聞きいてたよ。
　아까부터 듣고 있었어.

❸ バスが込こんでてね。　버스가 혼잡했어요.

❹ このカメラ、持もってて。　이 카메라 가지고 있어.

❺ 映画館えいがかん、すいてたらいいけど。
　영화관, 한산하면 좋겠는데.

2.

❶ 会社かいしゃまで歩あいてく。
　회사까지 걸어 간다.

❷ 冷つめたい物ものでも飲のんでく。
　시원한 음료수 마시고 간다.

❸ 帰かえりにちょっと寄よってこうよ。
　돌아가는 길에 잠시 들르자.

❹ このカメラ、持もってって。　이 카메라 가지고 가.

グループ3

1.

❶ 風邪かぜひかないように、薬くすり飲のんどこう。　감기 걸리지 않게 약을 먹어 둬야지.

❷ ここに置おいとくね。　여기에 둘게.

❸ 今日きょう、買かい物ものしとこう。
　오늘, 장을 봐 두자.

2.

❶ プレゼントを買かったげる。　선물을 사 줄게.

❷ 代かわりにやったげるよ。　대신 해 줄게.

❸ 本ほんを読よんだげようか。　책을 읽어줄까?

グループ4

1.

❶ こんなにたくさん食たべらんない。
　이렇게 많이 못 먹어요.

❷ 朝あさ早はやく起おきらんない。
　아침 일찍 일어날 수가 없어.

❸ お金かね足たんなかったから、買かわなかった。　돈이 모자라서 살 수 없었다.

❹ 何なに言いったのか、分わかんなかった。
　무슨 말을 한 건지 몰랐어.

❺ 佐々木ささきさんも来くんの?
　사사키 씨도 오는 거야?

2.

❶ 駅えきの近ちかくに住すんでるんで、便利べんりです。　역 근처에 살고 있어서 편리합니다.

❷ あの映画えいがが見みたかったんです。
　저 영화가 보고 싶었던 겁니다.

応用練習　응용연습2

1. 例「ニュース23ツースリー」の筑紫哲也氏ちくしてつやし
　　'뉴스23'의 치쿠시 테츠야 씨

❶ 「SMAP」のくさなぎ剛つよしくん
　'SAMP'의 쿠사나기 츠요시 군

❷ 友達ともだちの菊地雅子きくちまさこさん
　친구인 키쿠치 마사코 씨

2. 例 日本語にほんごを教おしえたんです。
　일본어를 가르쳤습니다.

❶ 子こどもを起おこしちゃった。
　아이를 깨워 버렸다.

❷ 単語たんごを覚おぼえなきゃなんない。
　단어를 외우지 않으면 안 된다.

❸ 電話番号でんわばんごうを教おしえてください。
　전화번호를 가르쳐 주세요.

3. 例 今日きょうは昨日きのうより暖あたたかいね。
　오늘은 어제보다 따뜻하네요.

❶ 夏休なつやすみはどこかへ行いきましたか。
　여름 휴가는 어디로 갔습니까?

❷ 新あたらしい洗濯機せんたくきを買かいました。
　새로운 세탁기를 샀습니다.

❸ 大学だいがくから奨学金しょうがくきんをもらいました。　대학에서 장학금을 받았습니다.

제5과 | 명사의 악센트

1 聞いてみよう 들어 봅시다

예1 まいにちが

예2 にほんごが

❶ がくせいが
❷ おんがくが
❸ スプーンが
❹ しんぶんが
❺ こうじょうが
❻ あさってが
❼ コーヒーが
❽ いもうとが

2 発音してみよう 발음해 봅시다

❶ 鮭さけが好すきです。　연어를 좋아합니다.
❷ 酒さけが好すきです。　술을 좋아합니다.
❸ かきを食たべました。　굴을 먹었습니다.
❹ 柿かきを食たべました。　감을 먹었습니다.
❺ 雨あめが降ふっています。　비가 내리고 있습니다.
❻ 飴あめがあります。　엿이 있습니다.
❼ 花はながきれいですね。　꽃이 예쁩니다.
❽ 鼻はながきれいですね。　코가 예쁩니다.
❾ 箸はしがあります。　젓가락이 있습니다.
❿ 橋はしがあります。　다리가 있습니다.
⓫ 端はしを歩あるきます。　가장자리를 걷습니다.

3 声に出して練習しよう 소리내어 연습해 봅시다

1.
❶ きが(木)　ひが(火)　はが(歯)
❷ きが(気)　ひが(日)　はが(葉)

2.
❶ はしが(箸)　あめが(雨)　さけが(鮭)
❷ はしが(橋)　やまが(山)　はなが(花)
❸ はしが(端)　あめが(飴)　はなが(鼻)

3.
❶ みかんが　せかいが　テレビが
❷ たまごが　あなたが　トレーが
❸ おとこが　おんなが
❹ りんごが　でんわが　ピアノが

4.
❶ まいにちが　おんがくが　パーティーが
❷ あさってが　じどうしゃが　スポーツが
❸ こうじょうが　ばんごうが　コーヒーが
❹ いもうとが　いちにちが
❺ にほんごが　しんぶんが　ハンカチが

コラム 칼럼

1.
❶ 今日きょう買かいに行いった。　오늘 사러 갔다.
❷ 今日きょう会かいに行いった。　오늘 모임에 갔다.
❸ 教会きょうかいに行いった。　교회에 갔다.

2.
❶ 庭にわには鶏にわとりがいる。　뜰에 닭이 있다.
❷ 庭にわには二羽にわ鳥とりがいる。　뜰에 새가 두 마리 있다.

応用練習 응용연습1

예 かいがい + りょこう
　→ 海外旅行かいがいりょこう

1.
예 あか + えんぴつ → 赤鉛筆あかえんぴつ

❶ あさひ + しんぶん → 朝日新聞あさひしんぶん
❷ でんりょく + かいしゃ → 電力会社でんりょくがいしゃ

❸ けいたい + でんわ → 携帯電話けいたいでんわ
❹ でんわ + ばんごう → 電話番号でんわばんごう
❺ あおもり + りんご → 青森あおもりりんご

2.
❶ 電話番号でんわばんごうを教おしえてください。
　전화번호를 가르쳐 주세요.
❷ 携帯電話けいたいでんわを持もっていますか。
　휴대전화를 가지고 있습니까?
❸ 兄あにには電力会社でんりょくがいしゃに勤つとめています。　형은 전력회사에 근무하고 있습니다.

3.
❶ わたしは「毎日新聞まいにちしんぶん」を読よみます。　나는 '매일신문'을 읽습니다.
❷ わたしは毎日まいにち新聞しんぶんを読よみます。　나는 매일 신문을 읽습니다.

応用練習 응용연습2

(1)
例 こっかい + としょかん
　　→ 国会図書館こっかいとしょかん

(2)
例 びよう + せんもんがっこう
　　→ 美容専門学校びようせんもんがっこう

(3)
例 おおさか + し → 大阪市おおさかし

1.
❶ かみ + ひこうき → 紙飛行機かみひこうき
❷ じどうしゃ + きょうしゅうじょ
　　→ 自動車教習所じどうしゃきょうしゅうじょ
❸ じどう + すいはんき
　　→ 自動炊飯器じどうすいはんき
❹ かんこう + あんないじょ
　　→ 観光案内所かんこうあんないじょ
❺ シドニー + オリンピック
　　→ シドニーオリンピック

2.
❶ 自動炊飯器じどうすいはんきを買かいました。
　자동 전기밥솥을 샀습니다.
❷ 観光案内所かんこうあんないじょはどこでしょうか。　관광안내소는 어디입니까?
❸ シドニーオリンピックのとき、初はじめてシドニーに行いきました。　시드니 올림픽 때, 처음으로 시드니에 갔습니다.

タスク 과제

1.
❶ 毎朝まいあさ、コーヒーを飲のみます。
　매일 아침, 커피를 마십니다.
❷ 学生がくせいが日本語にほんごを勉強べんきょうしています。　학생이 일본어를 공부하고 있습니다.
❸ たばこを吸すってもいいですか。　담배를 피워도 괜찮겠습니까?
❹ 妹いもうとが新聞しんぶんを読よんでいます。　여동생이 신문을 읽고 있습니다.
❺ 昨日きのう、車くるまを買かいました。
　어제 자동차를 샀습니다.

2.
❶ じどうしゃ + こうじょう
　　→ 自動車工場じどうしゃこうじょう
❷ けんしゅう + りょこう
　　→ 研修旅行けんしゅうりょこう
❸ カラー + テレビ → カラーテレビ
❹ とりつ + はくぶつかん
　　→ 都立博物館とりつはくぶつかん
❺ しゅうしょく + そうだんじょ
　　→ 就職相談所しゅうしょくそうだんじょ

제6과 い형용사의 악센트

1 聞いてみよう 들어 봅시다

예 1 あおい

예 2 あかい

❶ いい
❷ 厚あつい
❸ 濃こい
❹ 難むずかしい
❺ 優やさしい
❻ 暖あたたかい
❼ 冷つめたい
❽ かわいい

2 発音してみよう 발음해 봅시다

❶ いい　❷ こい　❸ あおい
❹ あかい　❺ たのしい　❻ やさしい
❼ つめたい　❽ いそがしい　❾ むずかしい

3 声に出して練習しよう 소리내어 연습해 봅시다

1.
그룹 A
예 いい、高い、大きい、おもしろい
그룹 B
예 甘い、易しい、難しい

2.
그룹 A
예 暑い・熱い
　今年ことしの夏なつは暑あつい。
　このコーヒーは熱あつい。
그룹 B
　厚あつい
　この辞書じしょは厚あつい。

3. **그룹 A**
❶ 濃こい　❷ 広ひろい　❸ 青あおい
❹ 怖こわい　❺ 近ちかい　❻ 楽たのしい
❼ かわいい　❽ 暖あたたかい
❾ 忙いそがしい

그룹 B
❶ 赤あかい　❷ 眠ねむい　❸ 遅おそい
❹ 遠とおい　❺ 暗くらい　❻ 優やさしい
❼ 明あかるい　❽ おいしい　❾ 冷つめたい

4.
❶ 濃こい　❷ 広ひろい　❸ 赤あかい
❹ 青あおい　❺ 眠ねむい　❻ 怖こわい
❼ 遅おそい　❽ 近ちかい　❾ 遠とおい
❿ 楽たのしい　⓫ 暗くらい　⓬ かわいい
⓭ 優やさしい　⓮ 暖あたたかい　⓯ 明あかるい
⓰ おいしい　⓱ 忙いそがしい　⓲ 冷つめたい

応用練習 응용연습1

예1 むずかしい + かんじ
　　→ 難むずかしい漢字かんじ
예2 おいしい + おかし → おいしいお菓子かし
❶ あかるい + へや → 明あかるい部屋へや
❷ やさしい + せんせい → 優しい先生せんせい
❸ あかい + りんご → 赤あかいりんご

応用練習 응용연습2

예

こい	こいです	こかった	こくて	こくない
たかい	たかいです	たかかった	たかくて	たかくない
たのしい	たのしいです	たのしかった	たのしくて	たのしくない
あたたかい	あたたかいです	あたたかかった	あたたかくて	あたたかくない
あかい	あかいです	あかかった	あかくて	あかくない
やさしい	やさしいです	やさしかった	やさしくて	やさしくない
むずかしい	むずかしいです	むずかしかった	むずかしくて	むずかしくない

コラム 칼럼

あおい、おおいです、おおかった、おおくて、おおくない

タスク 과제

1.

ひろい	ひろいです	ひろかった	ひろくて	ひろくない
いそがしい	いそがしいです	いそがしかった	いそがしくて	いそがしくない
ねむい	ねむいです	ねむかった	ねむくて	ねむくない
おいしい	おいしいです	おいしかった	おいしくて	おいしくない

2.

❶ 夏休なつやすみの旅行りょこうはとても楽たのしかったです。　여름 휴가 여행은 아주 즐거웠습니다.

❷ ジェットコースターは、ちょっと怖こわいけどおもしろい。　제트 코스터는 좀 무섭지만 재미있다.

❸ 去年きょねんの冬ふゆはいつもより暖あたたかかった。　작년 겨울은 여느 때보다 따뜻했다.

❹ 赤あかちゃんの手ては小ちいさくてかわいい。　아가의 손은 작아서 귀엽다.

❺ むずかしい漢字かんじはたくさん書かいて覚おぼえます。　어려운 한자는 많이 써서 암기합니다.

3.

❶ あかい + りんご → 赤あかいりんご

❷ くらい + へや → 暗くらい部屋へや

❸ とおい + ところ → 遠とおい所ところ

❹ あまい + チョコレート → 甘あまいチョコレート

❺ おそい + じどうしゃ → 遅おそい自動車じどうしゃ

제7과 | 동사의 악센트

1 聞いてみよう 들어 봅시다

예1 作つくる
예2 使つかう

❶ 行いく
❷ 話はなす
❸ 切きる
❹ 聞きく
❺ 急いそぐ
❻ 働はたらく
❼ 教おしえる
❽ 手伝てつだう

2 発音してみよう 발음해 봅시다

❶ 読よむ　❷ 行いく　❸ 着きる
❹ 話はなす　❺ 使つかう　❻ 作つくる
❼ 教おしえる　❽ 手伝てつだう　❾ 忘わすれる

3 声に出して練習しよう 소리내어 연습해 봅시다

1. グループA 예 読よむ、話はなす、手伝てつだう
   グループB 예 行いく、使つかう、教おしえる

2. 예

グループA　切きる　　　髪かみを切きる。
グループB　着きる　　　服ふくを着きる。

3.

グループA

❶ 会あう　❷ 切きる　❸ 来くる
❹ 起おきる　❺ 食たべる　❻ 泳およぐ
❼ 作つくる　❽ 急いそぐ　❾ 閉しめる

グループB

❶ 行いく　❷ 聞きく　❸ 送おくる
❹ 遊あそぶ　❺ 終おわる　❻ 開あける
❼ 変かえる　❽ 働はたらく　❾ 忘わすれる

4.

❶ 会あう　❷ 行いく　❸ 切きる
❹ 聞きく　❺ 来くる　❻ 送おくる

❼ 起おきる　　❽ 遊あそぶ　　❾ 食たべる
❿ 終おわる　　⓫ 泳およぐ　　⓬ 開あける
⓭ 作つくる　　⓮ 変かえる　　⓯ 急いそぐ
⓰ 働はたらく　⓱ 閉しめる　　⓲ 忘わすれる

応用練習　응용연습1

例1 はたらく + すぎる
　→ 働はたらき過すぎる

例2 かう + わすれる
　→ 買かい忘わすれる

❶ たべる + おわる → 食たべ終おわる
❷ のむ + すぎる → 飲のみ過すぎる
❸ おく + わすれる → 置おき忘わすれる

応用練習　응용연습2

例

はなす	はなします	はなした	はなして	はなさない
てつだう	てつだいます	てつだった	てつだって	てつだわない
たべる	たべます	たべた	たべて	たべない
しらべる	しらべます	しらべた	しらべて	しらべない
くる	きます	きた	きて	こない
おくる	おくります	おくった	おくって	おくらない
はたらく	はたらきます	はたらいた	はたらいて	はたらかない
あける	あけます	あけた	あけて	あけない
わすれる	わすれます	わすれた	わすれて	わすれない

コラム　칼럼

通とおる、帰かえる、入はいる

かえります、かえった、かえって、かえらない

応用練習　응용연습3

1.
❶ 来てください。　　와 주세요
❷ 着てください。　　입어 주세요
❸ 切ってください。　잘라 주세요
❹ 切手ください。　　우표 주세요
❺ 聞いてください。　들어 주세요

2.
❶ 来きて　　❷ 着きて　　❸ 切きって
❹ 切手きって　❺ 聞きいて

3. ください

例 聞きいてください。

❶ あしたわたしのうちへ来てください。
　내일 우리 집에 와 주세요.

❷ 会社かいしゃでは上着うわぎを着きてください。
　회사에서는 상의를 입어 주세요.

❸ 髪かみを短みじかく切きってください。
　머리를 짧게 잘라 주세요.

❹ 80円えんの切手きってください。
　80엔짜리 우표 주세요.

❺ もう一度いちど聞きいてください。
　한 번 더 들어 주세요.

タスク　과제

1.

つくる	つくります	つくった	つくって	つくらない
おきる	おきます	おきた	おきて	おきない
あそぶ	あそびます	あそんだ	あそんで	あそばない
おしえる	おしえます	おしえた	おしえて	おしえない

2.
❶ 今朝けさ6時じに起おきて、1日中にちじゅう働はたらいた。　오늘 아침 6시에 일어나서, 하루종일 일했다.

❷ 今晩こんばん友達ともだちがうちに来ます。
　오늘밤 친구가 집에 옵니다.

❸ この辞書じしょは便利べんりなので、毎日まいにち使つかっています。　이 사전은 편리해서, 매일 사용하고 있습니다.

❹ 毎晩まいばんわたしがご飯はんを作つくっています。　매일 밤 내가 밥을 짓습니다.

❺ 会議かいぎは、5時じに終おわった。
　회의는 5시에 끝났다.

3.

❶ よむ + おわる → 読よみ終おわる
❷ はなす + はじめる → 話はなし始はじめる
❸ つくる + すぎる → 作つくり過すぎる
❹ しめる + わすれる → 閉しめ忘わすれる
❺ およぐ + はじめる → 泳およぎ始はじめる

제8과 | 의성어·의태어의 발음

1 聞いてみよう 들어 봅시다

例 とんとん

❶ どんどん
❷ きらきら
❸ げらげら
❹ ぺらぺら
❺ ごろごろ
❻ ころころ
❼ くるくる
❽ ぽろぽろ

2 発音してみよう 발음해 봅시다

❶ とんとん・どんどん   ❷ ころころ・ごろごろ
❸ けらけら・げらげら   ❹ きらきら・ぎらぎら
❺ ぺらぺら・べらべら   ❻ ぽろぽろ・ぼろぼろ
❼ ぽたぽた・ぼたぼた   ❽ くるくる・ぐるぐる

3 声に出して練習しよう 소리내어 연습해 봅시다

❶ お母かあさんの肩かたをとんとんたたいてあげました。 어머니의 어깨를 톡톡 두드려 주었습니다.
❷ だれかが隣となりのドアをどんどんたたいています。 누군가가 옆문을 쿵쿵 두드리고 있습니다.
❸ イヤリングがきらきらしてきれいですね。 귀걸이가 반짝반짝거려서 예쁘군요.
❹ 夏なつの太陽たいようがぎらぎら照てりつけています。 여름 태양이 쨍쨍 내리쬐고 있습니다.
❺ かわいい子こどもが楽たのしそうにけらけら笑わらっています。 귀여운 아이가 즐거운 듯이 깔깔 웃고 있습니다.
❻ 友達ともだちがテレビを見みてげらげら笑わらっています。 친구가 텔레비전을 보며 껄껄 웃고 있습니다.
❼ とも子こさんはスペイン語ごをぺらぺら話はなしています。 도모코 씨는 스페인어를 술술 말하고 있습니다.
❽ 何なんでもべらべらしゃべる人ひとはちょっと困こまりますよね。 무엇이든 함부로 종알종알 지껄이는 사람은 좀 곤란하지요.
❾ 水道すいどうから水みずがぽたぽた漏もれて困こまっています。 수도에서 물이 똑똑 새서 난감합니다.
❿ 干ほした洗濯物せんたくものから水みずがぽたぽた落おちています。 널어놓은 빨래에서 물이 뚝뚝 떨어지고 있습니다.
⓫ 目めから涙なみだがぽろぽろこぼれました。 눈에서 눈물이 뚝뚝 흘렀습니다.
⓬ 涙なみだがぼろぼろ流ながれて止とまりません。 눈물이 주르륵 흘러 멈추지 않습니다.
⓭ 小ちいさな石いしがころころ転ころがってきました。 작은 돌이 대굴대굴 굴러 왔습니다.
⓮ 大おおきな岩いわがごろごろ転ころがってきました。 큰 바위가 데굴데굴 굴러 왔습니다.
⓯ 遊園地ゆうえんちでくるくる回まわるコーヒーカップに乗のりました。 유원지에서 빙글빙글 돌아가는 커피 컵을 탔습니다.
⓰ 道みちに迷まよって同おなじ所ところをぐるぐる回まわってしまいました。 길을 잃어 같은 곳을 뱅글뱅글 돌았습니다.

コラム 칼럼

❶ 日曜日にちようびは1日中にちじゅううちでごろごろしています。 일요일은 하루 종일 집에서 빈둥거리고 있습니다.
❷ 大おおきな岩いわがごろごろ転ころがってきました。 커다란 바위가 데굴데굴 굴러 왔습니다.

応用練習 응용연습1

예 日本語にほんごがぺらぺらです。
일본어가 아주 유창합니다.

❶ おなかがぺこぺこです。　배가 몹시 고픕니다.

❷ この靴くつはぶかぶかで脱ぬげそうです。
이 구두는 헐렁헐렁해서 벗겨질 것 같습니다.

❸ このシャツは古ふるくてぼろぼろです。
이 셔츠는 낡아서 너덜너덜합니다.

제9과 | 인토네이션

1 聞いてみよう 들어 봅시다

예1 そうですか ↗
예2 そうですか ↘

❶ そうじゃない ↘
❷ そうじゃない ↗
❸ そうでしょう ↗
❹ そうでしょう ↘
❺ そうですか ↗
❻ そうですか ↘
❼ そうですね ↗
❽ そうですね →

2 発音してみよう 발음해 봅시다

1.
❶ いい会社かいしゃじゃない?
좋은 회사라고 생각하지 않아?

❷ いい会社かいしゃじゃない。
좋은 회사는 아냐.

❸ いい会社かいしゃじゃない。
의외로 좋은 회사네.

2.
❶ あしたは晴はれるでしょう。　내일은 맑겠죠.
❷ それは大変たいへんだったでしょう。
힘들었겠네요.
❸ あなたも行いくでしょう?　당신도 가죠?

3.
❶ 休やすんでもよろしいでしょうか。
쉬어도 좋을까요?
❷ 授業じゅぎょうは終おわったんじゃないでしょうか。　수업은 끝난 게 아닐까요?
❸ だれが信しんじるでしょうか。
누가 믿을까요?

3 声に出して練習しよう 소리내어 연습해 봅시다

1. ❶
学生 1　早稲田わせだの学生がくせいって、まじめじゃない?
学生 2　うん。まじめな学生がくせいが多おおいよ。
학생1 : 와세다 학생은 말야, 성실하지 않아?
학생2 : 응. 성실한 학생이 많아요.

❷
学生 1　新あたらしいアパート、どう? 静しずかなところ?
学生 2　ううん。あまり静しずかじゃない。
학생1 : 새 아파트, 어때? 조용한 곳이야?
학생2 : 아니. 그다지 조용하지 않아.

❸
学生 1　どうぞ、中なかに入はいって。
学生 2　へえ、意外いがいときれいな部屋へやじゃない。
학생1 : 어서 안으로 들어와.
학생2 : 이런, 의외로 깨끗한 방이네.

2. ❶
アナウンサー　明日あすは、東日本ひがしにほんでは曇くもり、西日本にしにほんでは雨あめになるでしょう。
아나운서 : 내일은 동일본에는 구름이 끼고, 서일본에는 비가 올 것입니다.

❷

学生1　来週らいしゅうの合宿がっしゅく、山田やまださんも行いくでしょう？
学生2　うん。来月らいげつの試合しあいのためにもっと練習れんしゅうしなきゃね。

<small>학생1 : 다음 주 합숙, 야마다 씨도 가겠지요?
학생2 : 응. 다음 달 시합을 위해서 더 연습하지 않으면 안 되거든.</small>

❸

学生　母ははが入院にゅういんして、急きゅうに帰国きこくしなければなりませんでした。
先生　ああ、それは大変たいへんだったでしょう。

<small>학생 : 엄마가 입원해서 갑자기 귀국해야만 했습니다.
교수 : 아, 매우 힘들었겠네요.</small>

3. ❶

部下　明日あすの会議かいぎのことなんですが。
上司　うん。
部下　実じつは、子こどもが病気びょうきなんです。
上司　ああ、そうなの。
部下　申もうし訳わけありませんが、休やすんでもよろしいでしょうか。

<small>부하 : 내일 회의말인데요.
상사 : 응.
부하 : 사실은, 아이가 병이 났습니다.
상사 : 아, 그래?
부하 : 죄송합니다만, 쉬어도 좋을까요?</small>

❷

会社員1　あれ、もうだれもいませんね。
会社員2　今日きょうは、仕事しごとが早はやく終おわったんじゃないでしょうか。

<small>회사원1 : 어머, 벌써 아무도 없네요.
회사원2 : 오늘은 일이 빨리 끝난 게 아닐까요?</small>

❸

学生1　この辺へんのマンションは、月つき50万まん以上いじょうとか聞ききましたよ。
学生2　そんな高たかい家賃やちん、だれが払はらうんでしょうか。

<small>학생1 : 이 주변의 아파트는 월 50만 이상이라고 들었습니다.
학생2 : 그렇게 비싼 집세를 누가 지불할까요?</small>

応用練習　응용연습1

1. ❶

学生1　最近さいきん、雨あめがよく降ふりますね。
学生2　そうですね。毎日まいにちじめじめして嫌いやな天気てんきですね。

<small>학생1 : 요즘, 비가 자주 내리네요.
학생2 : 그렇군요. 매일 눅눅해서 안 좋은 날씨죠.</small>

❷

部長　明日あすの会議かいぎは4時じからだと思おもうけど…。そうですね？
秘書　はい。4時じからの予定よていです。

<small>부장 : 내일 회의는 4시부터라고 생각하는데……. 그렇지요?
비서 : 예. 4시부터입니다.</small>

❸

先生　ちょっと、手伝てつだってもらえるかな。英語えいごの翻訳ほんやくなんだけど。
学生　お急いそぎですか。
先生　うん、まあ、できればね。
学生　そうですね…。来週らいしゅうレポートの提出ていしゅつで、今いま、ちょっと…。

<small>교수 : 좀 도와줄 수 있을까? 영어 번역 일인데.
학생 : 급하십니까?
교수 : 응, 뭐, 될 수 있으면.
학생 : 글쎄요. 다음 주 리포트 제출 때문에 지금은 좀……</small>

2. ❶

会社員1 今日きょうの会議かいぎは5時じからになりましたよ。

会社員2 そうですか。じゃ、またあとで。

> 회사원1 : 오늘 회의는 5시부터 하기로 됐습니다.
> 회사원2 : 그렇습니까? 자, 그럼 나중에.

❷

主婦 1 うちの娘むすめが東大とうだいに受うかったんですよ。

主婦 2 そうですか。それはおめでとうございます。よかったですね。

> 주부1 : 우리 딸애가 도쿄대학에 합격했습니다.
> 주부2 : 그렇습니까? 축하드립니다. 잘 됐군요.

❸

学生 1 日本語にほんごのテストは、来週らいしゅうの火曜日かようびですよね。

学生 2 え、そうですか? 水曜日すいようびって聞ききましたよ。

> 학생1 : 일본어 시험은 다음 주 화요일이죠?
> 학생2 : 어, 그렇습니까? 수요일이라고 들었는데요.

❹

会社員1 ここは、わたしが。

会社員2 えっ、でも…。

会社員1 わたしが誘さそったんですから、払はらわせてください。

会社員2 そうですか…。じゃ、今日きょうはごちそうになります。

> 회사원1 : 이건 제가.
> 회사원2 : 네, 하지만……。
> 회사원1 : 제가 권했으니까, 계산하게 해 주세요.
> 회사원2 : 그렇습니까……? 그럼, 오늘은 얻어 먹겠습니다.

❺

学生 1 日本語にほんごが上手じょうずですね。

学生 2 いや、まだまだです。勉強べんきょうを始はじめてまだ半年はんとしですから。

学生 1 そうですか。そんなふうには見みえませんね。

> 학생1 : 일본어가 능숙하시군요.
> 학생2 : 아뇨, 아직 멀었습니다. 공부를 시작한 지 아직 반년이거든요.
> 학생1 : 그렇습니까? 그렇게는 안 보이는데요.

応用練習 응용연습2

❶ ホテル　　❷ ホテル
❸ りょかん　❹ りょかん

예

Q 旅館りょかんがいい? 여관이 좋아?

A1 旅館りょかん? うん、いいよ。
　　여관? 응, 좋아.

A2 旅館りょかん? わたしはホテルのほうが…。
　　여관? 나는 호텔 쪽이…….

A3 旅館りょかん? ううん…。僕ぼくは旅館りょかんはちょっとね…。
　　여관? 아니……. 나는 여관은 좀…….

タスク 과제

❶ 子ども　ケーキ作つくったけど、ちょっと食べてみて。

　母親　　あら、意外いがいとおいしいじゃない。

　子ども　わたしも料理りょうりが上手じょうずになったでしょう。

❷ 学生　　すみません、今いま、ちょっとよろしいでしょうか。

　先生　　はい。何なにか。

❸ 会社員1 あしたの夜よる、ちょっと飲のみに行いかない?

　会社員2 そうですね。あしたはちょっと…。あさってなら大丈夫だいじょうぶですが。

❹ 学生1　新あたらしい部屋へや、きれい?

学生2　あまりきれいじゃない。

❺会社員1　仕事が終わってから、松本さんもいっしょに食事に行くでしょう？

会社員2　あ、ごめんなさい。今晩は友達が来ることになってるから、また今度。

❻部下　歌がお上手ですね。

上司　いや、実は、カラオケに来たのは始めてなんだよ。

部下　そうですか。

제10과 자기소개 표현의 인토네이션

1 聞いてみよう 들어 봅시다

예 a. 韓国から来たイといいます。
　　b. 韓国から　来たイといいます。

❶ a. 中国から　来た楊ようです。
　 b. 中国から来た楊ようです。

❷ a. キムという　名前の人は多おい
　　です。
　 b. キムという名前の人は多いです。

❸ a. 牛どんは一番好きな食べ
　　物です。
　 b. 牛どんは一番　好きな食べ物です。

❹ a. 親しみやすいニックネームです。
　 b. 親しし　みやすいニックネームです。

❺ a. 皆さん　もう一度　食べて　見
　　てください。
　 b. 皆さんもう一度食べてみてください。

❻ a. Austriaじゃありません。
　 b. オーストリアじゃありません。

❼ a. 役に立つ仕事がしたいと思
　　います。

b. 役に　立つ仕事がしたいと思
　います。

❽ a. 去年東京　へ来ました。
　 b. 去年東京へ来ました。

2 発音してみよう 발음해 봅시다

A. わたしは韓国から来たキム・ドンギュといいます。韓国ではキムという名前の人は多いんですが、ドンギュはちょっと珍しい名前なので、牛どんの逆さまと覚えてください。時々「キム牛どんさん」と呼ぶ日本人の友達がいますが、牛どんは一番好きな食べ物ですし、親しみやすいニックネームなので、わたしは結構気に入っています。皆さんも一度食べてみてください。よろしくお願いします。

> 저는 한국에서 온 김동규라고 합니다. 한국에서는 김이라는 이름을 가진 사람은 많지만 동규는 좀 드문 이름이니, 규동(ぎゅうどん)을 반대로 기억해 주세요. 때때로 「김규동 씨」이라고 부르는 일본인 친구가 있는데, 규동은 제일 좋아하는 음식이고, 친숙해지기 쉬운 별명이라서, 저는 꽤 맘에 듭니다. 여러분도 한 번 먹어 보세요. 잘 부탁드립니다.

B. 私わたくしはオーストラリアのピーター・ナイトと申もうします。オーストリアじゃなくて、オーストラリアです。去年東京へ来ました。ナイトという名前は、いつも日本語の「内藤ないとう」という名前と間違えられますが、実は騎士きしという意味でKケーNエヌIアイGジーHエイチーTティーと書きます。専門は国際政治で、将来は日本とオーストラリアのために役に立つ仕事がしたいと思います。どうぞよろしくお願いいたします。

> 저는 오스트레일리아의 피터 나이트라고 합니다. 오스트리아가 아니라 오스트레일리아입니다. 작년에 도쿄에 왔습니다. 나이트라는 이름은 늘 일본어의 「内藤」라는 이름과 혼동되는데, 실은 기사라는 의미이며, K-N-I-G-H-T라고 씁니다. 전공은 국제 정치이고, 앞으로 일본과 오스트레일리아를 위해 도움이 되는 일을 하고 싶습니다. 부디 잘 부탁드립니다.

3 声こえに出だして練習れんしゅうしよう 소리내어 연습해 봅시다

1.

❶ かん・こく・から・きた・キム・ドン・ギュ と・いい・ます。

❷ オー・スト・ラリ・アの・ピー・ター・ナ イ・ト と・もう・しま・す。

2.

❶ かんこくからきた・キムドンギュと・いいま す。

❷ オーストラリアの・ピーターナイトと・もう します。

3.

エー A	ビー B	シー C	ディー D	イー E	エフ F	ジー G	エイチ H
アイ I	ジェー J	ケー K	エル L	エム M	エヌ N	オー O	ピー P
キュー Q	アール R	エス S	ティー T	ユー U	ブイ V	ダブリュー W	エックス X
ワイ Y	ゼット Z						

❶ ケー エヌ アイ ジー エイチ ティー
❷ ピー イー ティー イー アール

コラム 칼럼

1. 日本にほんとオーストラリアのために役やくに立たつ仕事しごとがしたいと思おもいます。
   일본과 오스트레일리아를 위해 도움이 되는 일을 하고 싶습니다.

2. 日本にほんとオーストラリアのために役やくに立たつ仕事しごとがしたいと思おもいます。

応用練習おうようれんしゅう 응용연습1

❶ 食たべてみてください。　먹어 보세요.
❷ 親したしみやすいニックネームです。
　친해지기 쉬운 별명입니다.
❸ 結構けっこう気きに入っています。
　꽤 맘에 듭니다.
❹ 役やくに立たつ仕事しごとがしたいです。
　도움이 되는 일을 하고 싶습니다.

応用練習おうようれんしゅう 응용연습2

1

A.

❶ 韓国かんこくから来きたキム・ドンギュ
❷ キムという名前なまえの人ひと
❸ ちょっと珍めずらしい名前なまえ
❹ 牛ぎゅうどんの逆さかさま
❺ 「キム牛ぎゅうどんさん」と呼よぶ日本人にほんじんの友達ともだち
❻ 一番いちばん好すきな食たべ物もの
❼ 親したしみやすいニックネーム

B.

❶ オーストラリアのピーター・ナイト
❷ ナイトという名前なまえ
❸ 日本語にほんごの「内藤ないとう」という名前なまえ
❹ 騎士きしという意味いみ
❺ 日本にほんとオーストラリアのために役やくに立たつ仕事しごと

제11과 감정・의도를 전하는 화법

1 聞きいてみよう 들어 봅시다

2 発音はつおんしてみよう 발음해 봅시다

예 1

❶ 東京とうきょうから京都きょうとまで
新幹線しんかんせんで行いくといいですよ。

❷ 東京とうきょうから京都きょうとまで
新幹線しんかんせんで行いくといいですよ。

例2

❶ 隣となりに●ハンサムな兄あにと弟おとうとが住すんでいます。

❷ 隣となりにハンサムな兄あにと●弟おとうとが住すんでいます。

1.

❶ 次郎じろうは三朗さぶろうと北京ペキンに行いきました。

❷ 次郎じろうは三朗さぶろうと北京ペキンに行いきました。

2.

❶ 山田やまださんは毎晩まいばん10時じまで図書館としょかんで勉強べんきょうしているんですよ。

❷ 山田やまださんは毎晩まいばん10時じまで図書館としょかんで勉強べんきょうしているんですよ。

3.

❶ 鈴木すずきさんは来月らいげつニューヨークに留学りゅうがくするそうですよ。

❷ 鈴木すずきさんは来月らいげつニューヨークに留学りゅうがくするそうですよ。

4.

❶ 東京駅とうきょうえきのすぐそばに温泉おんせんがあるんですよ。

❷ 東京駅とうきょうえきのすぐそばに温泉おんせんがあるんですよ。

5.

❶ 隣となりに●きれいな姉あねと妹いもうとが住すんでいます。

❷ 隣となりにきれいな姉あねと●妹いもうとが住すんでいます。

6.

❶ お兄にいさんは●一生懸命いっしょうけんめい勉強べんきょうする弟おとうとを手伝てつだいました。

❷ お兄にいさんは一生懸命いっしょうけんめい●勉強べんきょうする弟おとうとを手伝てつだいました。

7.

❶ 母ははが焼やいたばかりのケーキを●食たべてしまいました。

❷ 母ははが●焼やいたばかりのケーキを食たべてしまいました。

8.

❶ 今日きょうは●難むずかしい試験しけんと面接めんせつがありました。

❷ 今日きょうは難むずかしい試験しけんと●面接めんせつがありました。

3 声に出して練習しよう 소리내어 연습해 봅시다

例

A 東京とうきょうから京都きょうとまで新幹線しんかんせんで行いくといいですよ。

B 京都きょうとですね。

応用練習 응용연습1

例

❶ 隣となりに●きれいな姉あねと妹いもうとが住すんでいます。

❷ 隣となりにきれいな姉あねと●妹いもうとが住すんでいます。

1.

❶ 川村かわむらさんは●一生懸命いっしょうけんめい掃除そうじをする兄あにを手伝てつだいました。

❷ 川村かわむらさんは一生懸命いっしょうけんめい●掃除そうじをする兄あにを手伝てつだいました。

2.

❶ 妹いもうとが●作つくったばかりのご飯はんを食たべてしまいました。

❷ 妹いもうとが作つくったばかりのご飯はんを●食たべてしまいました。

3.

❶ 入学にゅうがくするためには●難むずかしい試験しけんと面接めんせつを受うけなければなりません。

❷ 入学にゅうがくするためには難むずかしい試験しけんと●面接めんせつを受うけなければなりません。

応用練習 응용연습2

1. 예
愛子あいこさんはとってもうれしそうでした。

❶ 今日きょうのテストはすっごく難むずかしかった。

❷ ぜんっぜん話はなせなかった。

❸ やあっぱりあの人ひとがやったんだ。

応用練習 응용연습3

예1
A あのう、ごみのことなんですけど…。
B はい。

예2
A あのう、ごみのことなんですけど…。
B はい。

잠시 쉬어가기

❶ 赤あかパジャマ黄きパジャマ茶ちゃパジャマ

❷ 生麦なまむぎ生米なまごめ生卵なまたまご

❸ 隣となりの客きゃくはよく柿かき食くう客きゃくだ

❹ 坊主ぼうずがびょうぶに上手じょうずに坊主ぼうずの絵えを描かいた

❺ カエルピョコピョコ3みピョコピョコ合あせてピョコピョコ6むピョコピョコ

제12과 특히 한국인이 잘 틀리는 발음

1 청음과 탁음의 발음

〔연습법〕

❶ か　か　かい　こうかい
❷ こ　こ　こう　しんこう
❸ た　た　たい　じゅうたい

〔단어와 문장 연습〕

1.

❶ 後悔こうかい　　郊外こうがい
❷ 信仰しんこう　　信号しんごう
❸ 渋滞じゅうたい　重大じゅうだい

2.

❶ 郊外こうがいに家いえを買かったことを後悔こうかいしている。　교외에 집을 산 것을 후회하고 있다.

❷ 連休れんきゅうはたいへんな渋滞じゅうたいに巻まき込こまれた。
연휴에는 극심한 정체에 휘말렸다.

2 「つ」의 발음

〔연습법〕

1.

❶ す　つ　す　つ　す　つ　つ
❷ す　つ　す　つ　つまらない
❸ す　つ　つ　つめたい

2.

❶ す　つ　す　つ　つかいます
❷ す　つ　つ　つかれます

3.
❶ あつい / むしあつい / なつかしい
❷ てつだいます / しつれいします / みつかります

〔단어와 문장 연습〕
❶ 先さきほどは、失礼しつれいしました。
조금 전에는 실례했습니다.
❷ すみませんが、ちょっと手伝てつだってください。
죄송합니다만, 좀 도와주세요.
❸ 暑あついね。冷つめたい飲のみ物ものでもどう？
덥네. 차가운 마실 거라도 어때?

3 ザ행의 발음

〔연습법〕

❶ さ	ざ	さ	ざ	ざ	ざっし
❷ す	ず	す	ず	ず	ずっと
❸ せ	ぜ	せ	ぜ	ぜ	ぜんぶ
❹ そ	ぞ	そ	ぞ	ぞ	ぞう

〔단어와 문장 연습〕
1.
❶ 受講じゅこう　　　図工ずこう
❷ 王者おうじゃ　　　王座おうざ
❸ 心情しんじょう　　　心臓しんぞう

2.
❶ 全部ぜんぶできなくて残念ざんねんです。
전부 할 수 없어서 유감입니다.
❷ 心臓しんぞうがどきどきしています。
심장이 두근두근 합니다.

4 「ん」의 발음

〔연습법〕
1.
❶ 千円せんえん　　　千年せんねん
❷ 禁煙きんえん　　　近年きんねん

2.
❶ 禁煙きんえん　　　記念きねん
❷ 親愛しんあい　　　市内しない

3.
❶ 信頼しんらい　　　親愛しんあい
❷ 混乱こんらん　　　困難こんなん

〔단어와 문장 연습〕
1.
❶ 信頼しんらい　親愛しんあい　市内しない
❷ 禁煙きんえん　近年きんねん　記念きねん

2.
❶ 全部ぜんぶで千円せんえんです。
전부 천 엔입니다.
❷ 禁煙席きんえんせきをお願ねがいします。
금연석을 부탁합니다.

5 가타카나 단어의 발음

〔연습법〕
❶ ファ　　ファ　　ファミリー
❷ フィ　　フィ　　フィーリング
❸ フ　　　フ　　　フレンド
❹ フェ　　フェ　　フェンシング
❺ フォ　　フォ　　フォーク

〔단어와 문장 연습〕

1.
❶ ファイル
❷ フィルム
❸ スカーフ
❹ ソファー

2.
❶ コーヒー、お願ねがいします。
  커피, 주세요.
❷ スカーフをプレゼントしました。
  스카프를 선물했습니다.
❸ ナイフとフォーク、ある?
  나이프와 포크, 있어?
❹ アフリカに行いってみたいです。
  아프리카에 가 보고 싶습니다.